勝つための
論文の書き方

鹿島 茂

文春新書
295

『勝つための論文の書き方』 目次

第一回講義　日常生活と論文

〈どうせなら、日常生活に応用のきく論文の書き方はないものだろうか〉

さて、今日から、「論文の書き方」という題目の連続講義を行います。

ところで、この「論文の書き方」という題目のことですが、まず、これにはちょっと注釈をつけてみたいと思います。

というのは、これからお話ししようと思っているのは、かならずしも、きっちりとした論文を書くための方法のことではないからです。

私がこの講義で論じたいと思っているもの、それはむしろ、次のようなことです。すなわち、私たちが日々の生活を送っている場、学生だったら学校、働いている人だったら職場、家庭にいる人だったら家庭というように、それぞれの日常の場において、自分が生きていくことが少しでも楽しくなるようにするにはどうしたらいいか、その工夫に役立つ論理的な思考法を考えてみようというのです。

では、なぜ、こんなふうに考えてみたかというと、こうした生活の場で働かせる論理的な思考法というのは、じつは、論文の書き方にとてもよく似ているからなのです。「論文の書き方」

というものを煮詰めてエッセンスを取り出してみると、それは、生きていくことを楽しくするための工夫とほとんど同じものになります。逆に、日々の生活の場での工夫や知恵を徹底的に論理化していくと、それは論文の構造と重なってきます。

ですから、いま、さしあたり「論文の書き方」という題目の授業を与えられたのですが、どうせなら、たんに論文の技術的な書き方を教えるよりも、「生きていくのが楽しくなるような論理的思考法」を教えるほうがいいのではないか、こう考えたわけです。日常の生活の場でも応用がきく、そんな「論文の書き方」はないか、それを考えてみようというのがこの授業の課題となったわけです。そうすれば、この授業をするという「労働」も楽しくなるのではないでしょうか。

〈自分の頭で考えることの楽しさ〉

たとえば、学生なら授業を聴講してレポートや論文を書きますね。働いている人なら新しい商品企画を立てたり、販売方法を考えたりする。家庭にいる人ならどうすれば家事を手際よく片付けられるか、工夫を凝らす。

このとき、それが楽しく感じられれば、その人はとても幸せになれます。

ところが、同じことをしていても、それを他人から押し付けられた「仕事」「労働」だと考えたとたん、楽しさを感じることができなくなり、その人は不幸になります。自分は、単位をもらうため、賃金を得るため、家庭の維持のために仕方なくやっているんだ、というように、他者の定めた目標に向かってなにかを強制されていると感じたら、困難や苦しさを味わうだけで楽しさがありません。

これに対して、スポーツだとかゲームだとかボランティアだとかの場合には、たとえ苦しさがあっても、その苦しさも楽しさの一部となってしまいます。スポーツやゲームであれば、簡単で単純なものより難易度の高いものを征服したくなります。ボランティアでもより困難が待ち構えているもののほうが、達成感が大きいはずです。

なぜでしょうか？　それは、対象が自分の「意志」で選び取ったものであるために、困難を克服するには、自分の頭で「考えざるをえない」からです。対象がなんであれ、いろいろと試行錯誤して、考えの筋道を修正したり、計画を立て直したりして、対象と戦うための戦略や戦術を考案していきます。近くに、うまくやっている人がいれば、その人のやり方を真似したくなります。

ようするに、私たちは、スポーツ、ゲーム、ボランティアの場合には、より合理的に、より論理的に思考するということを無意識にやっていて、その思考の戯れを「楽しい」と感じているのです。

　したがって、話を戻すなら、学校で授業を聞いてレポートや論文を書く、職場で商品企画や販売方法を考える、家庭で家事を片付けるといったことも、それをスポーツ、ゲーム、ボランティアのように見なして、「楽しさ」を感じることができるならば、それは苦痛であるどころか、大きな喜びになるわけで、その人は不幸にならずに、幸せになれるはずです。

　しかし、こういうと、かならず、「勉強、労働、家事」は、「スポーツ、ゲーム、ボランティア」と同じではないのだから、そんなことは不可能だという反論が出るにちがいありません。

　それはその通りです。いくら、「スポーツ、ゲーム、ボランティアのように見なして」といっても、「見なそう」という意志だけではどうにもなるものではありません。

　とはいえ、「スポーツ、ゲーム、ボランティア」と相似したものを「勉強、労働、家事」の中に見つけることは決して不可能なことではありません。それは、「勉強、労働、家事」にも「自分の頭で考えて工夫する」部分が多分にあるからです。そして、この共通の部分が見いだせれば、困難はとたんに快楽に変わりうるのです。

　私自身の体験をお話ししましょう。大学院生のときに、ある通信社でアルバイトをしたことがあります。職種は、外信部の手伝いということだったので、外電の翻訳かなにかかと思ったのですが、そんな頭を使うような仕事はアルバイトにはさせてくれませんでした。与えられた仕事は、その通信社が各新聞社に配信している外電の記事を新聞から切り抜き、これをスクラップ・ブックに張るという単純作業でした。あまりの単純作業に苦痛を感じるようになり、すぐにでもやめようと思ったのですが、当面、入り用な金があったので、少しは続けなければなりません。そこで、この単純作業がなんとか楽しくなるように工夫できないかと考えたのです。

思いついたのは、切り取ったさまざまな形の外電記事を、ちょうど新聞の整理部がやるように、紙面構成してみることです。タテの見出し、ヨコの見出し、それぞれをジグソー・パズルのようにいろいろと入れ替えして、動線がスムーズに運ぶよう、しかも芸術的にも感興をそそるようにレイアウトできないか？　そんなことを考えて工夫をしてみると、こんな単純作業でも、苦痛を感じずにすみました。それどころか、レイアウトが見事にできあがったときには、それなりの達成感があり、快楽とはいかぬまでも、完成の喜びを感じることができました。おかげで、八時間の単純作業も短く感じられて、アルバイトもやめずに、最後までやりおおせることができました。これなど、馬鹿馬鹿しいといえば馬鹿馬鹿しい工夫ですが、「自分の頭で考える」部分を見つけることで、労働を、苦痛ではなく、ある種の喜びを感じられるものに変える思いつきであったと言ってさしつかえないと思います。

〈自分の頭で考える部分を見つけるにはどうすればいいか？〉

しかしながら、「勉強、労働、家事」に「自分の頭で考える」部分を見つけようとしても、いきなり、そんなことはできません。というよりも、これは思っているよりも難しいことです。なぜかと言えば、考えるためには、まず問題を立てることができなければならないからです。

私のアルバイトの例で言いますと、さまざまな形をした外電の記事をスクラップ・ブックの上に置いたとき、ここから「動線がスムーズに運ぶよう、しかも芸術的にも感興をそそるようにレイアウトできないか」という問題を立てたわけですが、こういう形で問題を立てることができたということは、私の中に、こうした問題を立てるためのテクニックがすでにあったということを意味しています。

考えてみますと、私は、子供のときから新聞や雑誌の中の絵や写真を切り取って、紙に張り付けるのが好きでした。とくに、クマが大好きで、クマの絵や写真があると、それを切り抜き、張っていました。おそらく、そのときに無意識に、機能的かつ芸術的なレイアウトという「思想」を獲得していたのだと思います。その結果、外電記事の張り付けという単純作業を与えられたときにも、これをレイアウトしてみようなどという変な発想が浮かんだのでしょう。

このように、「勉強、労働、家事」に「自分の頭で考える」部分を見つけるには、問題の立て方を知らなければなりませんが、しかし、問題を立てるには、そのテクニックを獲得していることが必要となります。つまり、日々の生活を苦行ではなく、楽しみに変えるには、まず、問題を立てる技術、というよりも、そもそも問題を立てるというその行為を学んでいかなければばならないということなのです。

〈問題を立てるという行為を学ぶ〉

ここに良い例があります。たまたま、新幹線のグリーン車に置いてあった「WEDGE」(二〇〇二年十一月号)というビジネスマガジンを読んでいたら、「『叱られてよかった』あの時の経験」というタイトルで岩瀬達哉さんという方が、化学プラントメーカーの設計部員の野口さん(仮名・三十一歳)から聞き出した体験談を紹介している記事が目にとまりました。

野口さんは有能なサラリーマンを自ら認めていた人だったのですが、あるとき、完成した設計図を子細にチェックしてから新任の課長のところに持っていくと、その課長はいかにも不機嫌そうな顔をして「こんな単純な仕事をしていて楽しいのか?」と詰問したそうです。「いきなりそう問われ、困惑する野口氏を前に、課長は畳み掛けるように『仕事に工夫がない』とにべもない。そして、『もっと自分の頭で考えろ。言われた仕事には、必ず何かお土産をつけろ』と続けたという。

神経をすり減らし、図面をチェックしている野口氏は、当初、この課長の発言に強い反発を覚えたという。

『しかし、課長が言うように問題意識を持って取り組むと、それまで見えていなかったプラントの改善点が浮かび上がってきた。例えば、少し配管のレイアウトを変えるだけで、工期が短くなったり、コスト削減ができたりする。完成された設計図であっても、ずいぶん改善の余地があることを知りました』

さらに最近では、改善点や疑問点を見つけると、畑違いの部署の技術者に相談するよう『工夫』している。同じ技術者でも担当分野が違うと、発想やノウハウが違う。より大きな『お土産』を生み出せる可能性があるからだ」

この記事には、この授業を進めるうえでとても大切なことがいくつも含まれています。しかし、ここでは取り敢えず、いま扱っている「問題を立てる」ということだけに限定して話を進めましょう。

この記事のなかで一番重要なのは、新任の課長が、野口さんに対して、「問題を立てるという行為」の存在を教えたということです。野口さんは、上司から命じられたことをそつなくこなす優秀なサラリーマンではあっても、自分の仕事の中に「問題を立てるという行為」が存在することを知らなかったのです。ところが、この課長は、「こんな単純な仕事をしていて楽しいのか」と問い、野口さんに向かって、問題を自分で立てて、それを自分の頭で考えて解決するよう努力しない限り、仕事はおもしろくならないよ、そしてそんな仕事ぶりでは会社の利益も上がらないよ、と教えたわけです。

なんという素晴らしい課長ではありませんか！　きっと、この課長も、「問題を立てるという行為」によって仕事を楽しんでいた人にちがいありません。だからこそ、部下にも、「問題を立てるという行為」が存在すること、つまり仕事を楽しんでより良い業績を上げるコツがあることを教えたのです。

〈問題の立て方は学習可能か？〉

このように、人の上に立つ人、学校だったら先生、会社だったら上司、家庭だったら父母が真っ先になすべきことは、学生や部下や子供に対して、「問題を立てるという行為」が存在すること、そして、その行為によって、楽しくないと思える「勉強、労働、家事」も自分の頭で考えることで楽しいものに変わりうるということを教えることです。

ところが、現実には、これとまったく反対のことが行われています。学校における知識の詰め込み、会社における命令の履行の強制、家庭における理不尽な躾《しつけ》（あるいはその反対の放任）。いずれも、生きることを楽しめないようにするための工夫ばかりです。これでは「勉強も労働も家事」も苦痛でしかありえません。いくら生活が裕福になったとしても、人生がバラ色になるわけはありません。

しかし、こう言うと、「問題を立てるという行為」が存在することを教えるのはたいへん結構である、是非実行すべきだ、だが、問題を立てろと命じるだけで、そのやり方を教えないでは、どうしようもないのではないかという声が聞こえてきそうです。

それはその通りなのです。もし、自分の頭で考えてみなさいという忠告が容易に実行可能ならば、だれも苦労はしないはずです。ところが、自分の頭で考えようと思っても、その前提となる問題というのは、そうは簡単には立てられないものなのです。

これはやってみればすぐにわかります。問題を立てることは、問題を解くことよりもはるかに難しいものなのです。

なぜでしょうか？

答えは簡単です。問題を立てるということの本質は、まだだれも立てていないところに問題を立てる、つまり未問の問いを考えだすことにあるからです。もちろん、すでにだれかが立てていながらいまだに答えのでていない問いというのも存在します。しかし、そうした既問の問いというのも、新しい答えを見つけるにはどこかで、補助的な未問の問いを考えださなくてはなりません。結局は、問いを立てるということは、未問の問いを見つけだすということになるのです。だれもやったことのないものというのは、どんなものでも難しいものなのです。

しかし、問いを立てるのが難しいからといって、その技法なり技術を学習すること（裏返せば、それを教えるということ）が不可能だということにはなりません。それどころか、ある程度の習熟を積むと、だれにでも問いを立てることができるようになります。つまり、学習・教授は可能なのです。

〈問題を立てたことのない学生に立て方を教える〉

そのことを、私は二十五年にも及ぶ、女子大学での卒業論文指導で実感しました。

私が勤務しているのは、文芸学部のフランス文学コースです。そして、卒業要件として、卒業論文の提出が義務づけられています。

ところが、いまの女子大学には、フランス文学を学びたいなどという希望をもっている学生はほとんどいません。たいていは、フランス語がうまくなりたい、それだけの動機でフランス文学コースを選択します。

もっとも、これはこれで、少しも間違った動機ではありません。一昔前の外文系の学生のように、語学など学ぼうとせず、ひたすら小説家になりたいと願うほうが異常なのです。外文なら外国語のプラティックがうまくなりたいと思うのは当然のことなのです。

しかし、そうした学生に、卒業論文の書き方を教えるということは、それとはまったく別問題です。なぜなら、卒業論文というからには、文学なり文化なり歴史なりで問題を立て、それに答えを出すということをしなくてはなりませんが、私の学生たちは、文学でも文化でも歴史でも、いまだかつて一度も問いを立てたという経験がないからです。

いや、問いを立てた経験がないだけなら、まだいい。フランス文学の一つも、フランスの歴史書の一つも、フランス文化論の一つも、まったく読んだことがない、つまり読書という習慣それ自体を持たない学生というのがじつに多いのです。

おそらく、この状況は、どの大学でも大なり小なり同じでしょう。ですから、私の勤めている大学だけが例外なのではありません。東大でも京大でも、早慶でも、大学生に論文の書き方を教えるということは、動物に芸当を教えるよりも困難になりつつあるのです。ただ、いかに困難であっても、同じことを二十五年も続けていると、その困難の原因がどこにあるか、その所在だけは分かってきました。問いを一度も立てたことがないだけばかりか、本らしき本を一冊も読んだことのない学生に、一年後にはそれなりの論文を書かせるにはどこをどう工夫したらいいか、それを真剣に考えているうちに、ここでもまた「問題の立て方」が分かってきたのです。

つまり、「問題の立て方」を教えるということにおける「問題の立て方」がおぼろげではあれ理解できるようになりました。

そして、この理解を通じて、「問題の立て方」を教えることは可能であるとの確信を得ました。文化的蓄積度ゼロの女子学生でも、よろしく指導してやれば、問題を立てる方法を学び、なんとか論文を書き上げることは不可能ではないのです。

また、もし、これが可能であるならば、問題の立て方は、だれに対してでも教えることはできるはずです。なぜなら、サラリーマンや家庭の主婦（主夫）は、実生活という経験を経ている分だけ文化的蓄積度は学生よりも高いからです。「善人なおもて往生をとぐ、いわんや悪人をや」をもじって言えば、「学生なおもて論文を書く、いわんや、サラリーマンや主婦（主夫）をや」というわけです。

〈論文の書き方の授業は実生活にも応用可能か？〉

そこで、私はこう考えました。学生に論文の書き方を教えるということは、もしこれを実生活に沿うように多少修正しうるならば、それは、サラリーマンや家庭の主婦（主夫）が生活の場で問題を立て、自分の頭で考えようとするときに、応用がきく情報を提供できるのではないか？　ひとことで言えば、論文の書き方のような、一見、実生活には無縁に見える授業も、実際には、最も実生活で役にたつものになるということです。

なぜでしょうか？

それは、論文の書き方には、実生活で問題を立て、自分の頭で思考をするさいのエッセンスが詰まっているからです。

すなわち、対象の観察の仕方、観察から疑問を引き出す方法、単純な疑問を大きな問題へと育てていくやり方、そして、大きな問題を解くための技法、などなど、これらはすべて、実生活で自分の頭をつかってものを考え、そして仕事を楽しいものにするための基礎になりうるのです。

言いかえれば、論文の書き方を構造的に理解しておけば、それはたんに、卒論や修論を書くときばかりではなく、日常の仕事を無味乾燥にしない工夫を凝らすときにも役立つということです。

〈論文と作文・レポートの違いとは？〉

というわけで、いろいろと長々と話してきましたが、この授業は、論文の書き方をメインのテーマにして進めながら、それがいかに実生活でも役立つか、その例証も同時に行ってみたいと考えています。

しかし、それにはまず、論文とは何かという、定義付けの問題から入っていかなくてはなりません。

さて、論文とは何かという問題ですが、これにいきなり答えを出すことは難しいので、その前に、類接ジャンルとの比較を行ってみることから始めましょう。

たとえば作文と論文はどこがどう違うのでしょうか？

よく入学試験や入社試験などで、「都市について」とか「日常生活について」とか、そういう与えられた題について作文せよと言われることがあります。この場合は、自分の体験を身辺雑記的に書くこともできるし、逆にちゃんと論文風に仕立てることもできます。ようするに、主題さえ外していなければ、どう書いてもいいわけです。

では、論文と作文の区別はどこにあるかといいますと、作文にはなくて、論文には絶対になければいけないものがあります。それは「問い」、クエスチョンマークです。論文は必ず問いから始まらなければいけません。そして、それの答えをこれこれこういう理由だから、こうなんだとはっきり証明するかたちで結論へと導く、これが論文というものです。ですから、問いのない論文というのは存在しない。ということは、問いを立てずに出題しておいて、相手に論文を要求してはいけないということになりますし、また、問いなしで論文を書くということも絶対矛盾となります。

ここで思い浮かべるのが、日本の大学や高校でしばしば出されるレポートのことです。たとえば、これこれのことについてレポートを書けと言われることがあります。このレポートというのは、すごく曖昧なものです。というのも、先生は「何々について書きなさい」と主題を示すだけで、それを問いのかたちでは出していないことが多い。

おそらく、こうしたレポートの出し方をする先生は、実は、レポート＝論文とは考えていないのでしょう。少なくともそう見なしていいと思います。場合によっては、自分でも論文とはなにかを理解していないことさえあります。ですから、そうしたレポートの出し方だったら、かならずしも論文でなくてもかまわないということになります。

つまり、明確な問いを立てずに、ある事柄について資料を調べて、それを文字通り、レポート（報告）すればいいのです。この場合、要求されるのは問いを自分で立てたかということではなくて、しかるべき資料にちゃんと当たったかということだけです。明確な問いが要求されない以上、明確な答えも必要ではないことになります。

たとえば、「日本における人口減少問題について」という課題で、レポートが出されたとします。先生が要求しているのは、本なりインターネットで調べて、現在、日本の出生率がどんどん下がり、全国平均で一・三三、東京都は一・〇〇になっていること、したがって、三十年後には人口が減少に転ずる事実を明らかにし、それが多くの問題を引き起こしている点を指摘することです。したがって、この程度のことを書いておけば、まず点はもらえるということになります。というよりも、これで点をくれなかったら、文句を言ってかまわないわけです。

ところが、課題が「日本における人口減少問題に関し、その経済的影響を論ぜよ」と出されたとしたら、これは論文に近いものを要求していることになります。なぜなら、「経済的影響」

ということでしたら、それがいつから、どのようなかたちで、またどんな分野で、どの程度のものとして現れているかという問いを立てて、それに答えることが要求されるからです。そのため、資料に当たるだけではなく、先人の立てた問いと答えを比較し、推論をめぐらし、結論を導く必要が出てきます。

しかし、レポートがこのようなかたちで出されていたとしても、まだ論文とは異なります。というのも、論文というのは、レポートのように、与えられた問いに対して答えるだけではなく、問いそのものを自分で見いださなければならないという条件があるからです。言い換えれば、レポートは課題に対する答えを見いだせば、それでいいのですが、論文は問いそのものもまた自分で見つけてこなければならないということです。つまり、レポートなら答えのオリジナリティーだけでいいが、論文は問いのオリジナリティーも要求されるということになります。この部分において、論文を書くということは、生活の場における思考と重なってきます。つまり、論文でも、生活の中の思考でも、自分で問いを発見しない限り、なにものもスタートしないということです。

〈未知に対する問いがなければ論文ではない〉

では、ここでもう一度、論文について定義を試みてみましょう。すなわち、論文とはなにかということです。

論文とは、まずクエスチョンマークで始まること、これが絶対的な条件です。よく英語で5W1H（what, who, which, when, where, how）と言いますが、この5W1Hのいずれか、あるいはいくつかを含んだ問いを立てること、さもなければ、イエスかノーかで答えられるような問いを立てること、それが論文の始まりです。

しかし、先に少し触れましたように、論文というのは、原則的に、まだだれも答えを出したことのない問題を取り上げなければならないという条件がつきます。既知のことを扱うのではなく、未知を見い出して問いかける、これが論文というものです。もっとも、未知といっても一から十まで完全に未知である必要はありません。たとえば、ある問題に関して、あるところまではわかっているが、その先はまだ不明だというようなときには、これは立派な未知への問いとなります。言いかえれば、論文というのは、既知のところではなく、未知の部分を見いだして、それに答えることを意味します。

したがって、こうしたかたちで問いを抱くことができたら、その人は論文を書く資格ができたということになります。しかし、逆に言えば、未知を見い出すことができなければ論文は書けないということになってしまいます。

じつは、ここが論文の最大の問題なのです。なぜなら、レポートのようにたとえば先生から問いを与えられているのなら、この前提条件について考えずにすみます。あとは答えを出すだけです。ところが自分で未知に対する問いを考えだすとなったら、そう簡単にはいきません。というのも、未知というのはあまりにも膨大で、いったいどこに未知が隠れているか、意外に気がつかないものだからです。既知だと思っていたものの中に未知があったり、あるいは、既知の土台の上に築かれたとされた体系がじつは未知の土台の上に乗っていたなどということもあるのです。

したがって、未知を見いだす、つまり問いを立てるということは、思っているよりもはるかに難しいものなのです。困難はそれだけではありません。同じ未知に対する問いでも、その問いかけ方が良くなければ、すなわち良い問いを立てなければ、良い答えも出てこないものなのです。

ところが、この良い問いを見つけるということほど難しいことはないのです。というのも、良い問いというのは、たんに答えが未知であるだけではなく、問いもまた未知であるからです。これまで誰も未知を見いだしたことのない部分に重要な未知を見いだし、そこからより重大な未知を発見する、つまり、誰ひとりとして真実性を疑ったことのないようなところ、あるいはそこに未知があるなどと誰も気がつかないような部分にダウトをかけ、そこから巨大な未知へと至る糸口を発見する、これが良い問いということになるでしょう。ようするに、問いもまた完全に独創であるような問い、未問の問いというのが良い問いということになります。

〈なぜ日本人は問いを見つけるのが下手なのか〉

ところで、しばしば、日本人は答えを出すのはうまいが、問いを見つけるのは下手だと言われます。たとえば、問いがすでにある改良はお手のものだが、新しい問いを考える革新・発明（イノベーション）は苦手だと言われます。これはなぜかというと、日本人が明治維新で、西洋の近代文明に目を開いたとき、ほとんどの問いは、ギリシャ・ローマの時代から始まって産業革命に至るまでの時期にすでに完全に出揃っていたため、日本人は西洋人にならってこれらの問いに答えればそれでよかったからです。つまり、日本人は問いを考え出す労苦を味わわずにすんだのです。

日本の学校教育というのも同様でした。すなわち、問いを考えるという教育はいっさいやらず、ただ与えられた問いに対して答えを出す方法だけを教えてきたのです。このこと自体がまちがっていたとは言えません。なぜなら、日本が置かれていた状況を考えれば、このほうがはるかに能率的だったからです。

しかし、二十世紀が終わりに近づいたころから、流行の表現に従うなら、ポスト・モダン（近代以後）が叫ばれだしたころから、日本の採用した「問いは他人に任せて自分は答えだけを見いだす」というやり方はうまく機能しなくなりました。その理由は簡単で、西洋文明がこれまでに立ててきた問いのストックが尽きてしまったからです。言いかえれば、日本人も、西洋人と同じスタートラインに立って、いまだかつてだれも問いかけたことのない問いを立てるという競争を強いられるようになったのですが、もともとそういう訓練をしたことのない日本人は、明らかに劣勢に立たされるようになりました。

バブル崩壊以後の日本人が困難を強いられているのは、これが原因ともなっているのです。西洋人が近代（ということは近代資本主義社会）で問いを立て、答えを出した処方箋のすべてをやり尽くしてもなお解決策が見いだせない今の状況は、問いを立てたことのない日本人にとっては、まことにつらいものがあります。しかし、良い問いを立てる術を学ばないかぎり、今の状況を変えることは不可能なのです。

〈良い論文とは「?」で始まり、「!」で終わる〉

さて、いきなり、話がとんでもないところまで広がってしまいました。ここらで問題をもとのところに引き戻しましょう。論文を書く、しかも良い論文を書くということは、畢竟、良い問いを、すなわち、だれもこれまでに考えついたことのないような問いを見いだすことに尽きるというところまで話が進んだのでしたね。

ところで、こう書くと、必ずや、「では良い論文を書くには、良い問いを立てるだけでいいのか」という反論が起こってくるはずです。

もちろん、良い問いを立てたからといって、それが良い論文になるとはかぎりません。せっかくグッド・クエスチョンを見いだしながら、それにうまく答えを出すことができないケースはいくらでもあります。というよりも、はるかにそのほうが多いのです。

しかし、こうは言うことができます。良い問いを発することができなければ、良い論文を書くことは絶対にできないと。凡庸な問いからスタートしたのでは、いくら論述の仕方がブリリアントであろうとも、たいしたことは言えないし、論文としてもろくなものにはならないというのが真実です。良い問いは、良い論文の必要条件なのです。

したがって、良い論文が書けるか否かは、一にも二にも、良い問いを見いだせるか否かにかかっています。論文の命はまさにここにあります。ですから、いいかげんな問題設定で論文を書き始めることだけは厳に戒めなければなりません。逆に、良い問いが見つかったら、七、八〇パーセントはすでに論文が書けたと考えていいでしょう。あとは、論理的に答えを導くということを心掛ければ、それで自然と結論に至るわけです。

このように、良い論文とは、良い問いを見いだし、それに論理的に答えて、結論に達することを意味します。

しかし、できるなら、その結論も非常に意外性があって、びっくりマークで終わるなら、こんなに望ましいことはありません。つまり、「?」で始まって「!」で終わることができるなら、これこそが理想的な面白い論文だということができるわけです。

日常生活における思考についても、同じことが言えます。日々の勉強や仕事、家事などの中の至るところで、いまだだれも気がついたことのない「?」を掛け、それを自分の頭で徹底的に考えてから、結論を引き出すならば、それは必ずや「!」で終わり、勉強・仕事・家事は少しも苦痛にならなくなるでしょう。

〈面白い論文とはなにか?〉

さて、いま、良い論文という言葉を使いましたが、それは良い問いがまずあり、論理的な論証がなされ、最後に説得力のある結論が来るものだと理解しています。これだけでも、その過程のすべてをキッチリとかたづけていれば、十分に人を説得する論文になるはずです。

しかし、私としては、たんに良い論文であるという段階にとどまってほしくない。人を説得するだけではなく、人を楽しませ、ある種の興奮さえ与える面白い論文こそが望ましいのです。つまり面白い小説とか面白い映画とか、そういうものを連想するような血沸き肉躍るような面白さです。不意打ちのような出だし、息もつかせぬ展開、そして思いもかけなかったような結末。テーマ選択の驚き、ストーリー展開の巧みさ、結末の意外性、こういうものが論文にもあればいいなあと思うわけです。

それからもう一つ重要なのは、語り口が面白くなくてはいけないということです。語り口というのは、お話しの仕方ということです。論文も、文章である以上は、話の持って行き方、これを先に出さずに後にするとか、ここは思い切って省略して、ここを長くするとか、そういうお話しの順序や構成というものも必要となります。これは映画でいったら、モンタージュの仕方ということになります。外国映画では、モンタージュする人のクレジットが、かなり大きく出るでしょう。あれが重要なんです。同じ監督がフィルムを撮っても、モンタージュする人によって全く違う映画になってしまう。同じシーンを先に出すか、後に出すかというようなことですね。映画だけでなく、論文も、構成がうまいものは面白くなるのです。

このように、面白い小説や面白い映画の持つ構造的な面白さ、これは論文でも十分取り入れることができるし、またそうしなければ、より多くの人に読んでもらえる論文とはならないわけです。そして、これは重要なことですが、こうした構造的な面白さはある程度学習可能なのです。

したがって、私たちは、この本では、まず、良い論文の書き方というものを研究したあと、次には、もう一段階上の、面白い論文の書き方というものを探っていきたいと思います。そして、そこで得た論理的な思考法というのがどんなかたちで日々の生活にも応用可能かを見ていくことにします。

第二回講義　問題の立て方

〈論文指導とは問題の立て方を教えること〉

さて、私は、前にも言いましたように、大学で長年、論文の書き方を指導していますが、学生が本格的に論文に取り掛かる前に、序論を書かせてみると、その段階で、これは面白い論文になるかダメな論文になるか、ほぼ九〇パーセントの確率でわかってしまうのですね。というのも、序文というのは、どのように問題を設定したかそれを書く部分ですので、問題設定の良し悪しで、面白い論文になるかならぬかが自動的に決まってしまうからです。

しかし、実際のところを言えば、序文を書くまでにこぎつけた学生はまだいいのです。なにを書いたらいいのか、問題そのものを見つけられない学生がほとんどなのです。ですから、論文指導というのは、結局のところ、どのようにして問題を立てさせるかの指導ということに尽きてしまうのです。しかし、この部分は、何度も繰り返しますが、予想よりもはるかにむずかしい。

これに反して、序論のあと、本論から結論にいたるまでの過程は、ある意味で単なる技術論ですから、いったん指導法が確立されれば、教えるのは簡単です。大学での論文指導というのは、ほとんどが、この技術指導のことです。また、巷に多く出回っている、「論文をどう書くか」のハウツー本も、すべてこの技術指導本です。

ところが、問題を発見させる、つまり、どこをどう考えれば良い問いが見つかるかその方法を教えるというのは、どの大学でも教え方がわからず困っているのではないでしょうか？

なぜかと言えば、それはある意味で簡単なことです。論文指導をする先生ご自身が、良い問いを見つけたことのない人、あるいはそうした経験の少ない人であるからです。というよりも、学生がせっかく良い問いを見いだしかけても、それを芽のうちに摘んでしまうことばかりやっている先生さえいます。「論文の書き方」の類いも、この問題の立て方の部分はネグレクトしてしまっています。

では、ノーベル賞を取ったような独創的な研究をした人が学生を指導したり、「論文の書き方」の本を書けばそれですべて解決かというと、これもまたうまくいくとは限らないのです。なぜなら、こうした人は天才ですから、だれに教えられなくてもグッド・クエスチョンにたどりついた人たちです。そのため、どこをどうひねったらグッド・クエスチョンが出てきたかという過程を意識化することができません。わかりやすく言えば、長嶋茂雄がコーチになったようなもので、「なんでそんなことがわからないんだ、バカ」の一言でおしまいになってしまいます。名馬はかならずしも名伯楽ならずということです。

では、どうすればいいのかというと、本来ならば、アメリカの大リーグでコーチを専門職として育成しているように、問いの立て方（すなわち発想法）を専門に指導することのできる論文指導員を別個に育成するのが最善の策ということになります。

しかし、こういうと、独創的な問いの立て方を指導できるような人なら指導員になどならず、自分で研究者になって大発見、大発明をしてしまうんじゃないかという反論が出てくるはずです。

これは違います。プロ選手としてはたいした実績を残せなかったがコーチとしては一流というレッスン・プロがそれぞれのスポーツ分野にいるように、自分で画期的な問いを見つけることはできなくても、そうした発見へと生徒の思考を導くことができる人はいるはずです。というよりも、大学に限らず、学校の先生というのはすべからくこうでなくてはいけないはずなのです。つまり先生とは、答えを教える人ではなく、問いの見つけ方を教える人であるべきなのです。

とはいえ、いつまでも理想論を語っていても始まりません。問題の立て方についての学問が確立されておらず、また適当な指導書がないならば、自分でこれを作り出さなければなりません。この授業は、そのためになされたといってもいいのです。

〈良い問いというのは二種類のみ〉

さきほども言いましたが、論文は、新発見の報告でなければならないという条件があります。誰も言ったことのないことを言わなければならない。これは特許の申請と同じですね。思想上の新発見の特許を申請するというのが論文なのです。

自分だけが発見したこと、あるいは、ほかの人も同じ道を通ったけれども、誰も気づかないでいたところに新たな発見をしたこと、とにかく、この「発見」がなければ論文に値しないということなのです。

この意味では、本当に価値のある論文というのは案外少ないものなのです。たいていは、独創性を主張してはいるが、真の独創性とは縁遠いものばかりです。言ってみれば、論文の多くは周辺特許の申請のようなものにすぎません。そして、周辺特許が次から次へと出されるように、周辺特許的な論文も毎日毎日書かれています。しかし、周辺特許的な論文であっても、なにかしら新発見があればいいほうで、実際のところは、もし思想の特許庁のようなものがあったとしたら、ほとんどの論文が却下されてしまうにちがいありません。

したがって、真にその名に値する独創的な論文はそれぞれの分野でもそれほど多くはない。ですから、すべてのことは書かれてしまったと落胆する必要はないのです。まだまだ、誰も気がついていない問題はたくさん残されているのです。

しかし、真の独創性を狙う以上は、すでに書かれている（特許として認められている）論文を検討してみる必要はあるでしょう。

そこで、独創的と呼ばれている論文を分類してみると、意外なことですが、それは基本的に二種類しかないということに気づくと思います。

一つは今までにたくさんの人が問題を立てながら未解決なところにもう一度問題をたてる論文。一つは、いまだかつて誰も問題を立てたことの無いところに問題を立てようとする論文。

この二つ以外に問題の立て方はないのです。

前者の、たくさんの人がチャレンジしながら未解決という問題は、たとえば「人類の起源はどこにある」とか「宇宙のはじまりはいつか」とか「貨幣の本質はなにか」というような根源的な問題です。どの学問分野にも、そういう永遠に解けない問題というのがたしかにあって、無数の人がさまざまにチャレンジして、さまざまな答えを出してはいるけれども、これでこの問題は決着というような決定的な答えはまだ出ていないのです。

また、いろいろな支脈レベルの問題も、結局はこうした根源的な問いにつながっていきます。

ですから、「よし、一つ、おれ（わたし）が、問題を解いてやろう」と永遠の難問に取り掛かることは、学問の本道であり、それはそれで非常に重要なものです。

しかし、この種の難問にとりかかるには、よほどの天才と努力が必要になります。

たとえば、大別してA、Bという意見がすでにあるような、根源的問題にチャレンジしたとしましょう。まずAの意見を検討して不十分な部分をあげ、次にBの意見の欠陥を見いだします。そして、こっちの部分ではAを採用し、こっちの部分ではBを採用して、折衷的なCという答えを出したとしましょう。これは根源的な問いに答えた独創的な論文と言えるでしょうか。まあ、言えないでしょうね。というよりも、そんなものを論文と言ってはいけないのです。

真に独創的な論文というものは、折衷的な発見ではなく、先駆するすべての発見を覆してしまうような発見でなければなりません。自然科学では、この独創性の主張というのはきわめて厳しいものです。しかし、文系ですと、かなりイージーです。山のように書かれている文系の大学紀要の中で、新発見と呼べるようなものは、いったい何パーセントあるのでしょうか。

したがって、たくさんの人が問題を立てながら未解決なところにもう一度問題を立てる論文というのも、その立て方において、かなりのオリジナリティーを要求されるわけです。つまりこれもまた、誰も問題を立てたことのない空隙を見つけて、そこから根源的な問いに至るようなバイパスをつくってやることになります。

ですから、どうせなら、若い人たちには、誰も問題を立てたことのないところに問題を立てるというほうにチャレンジしてもらいたいものです。たとえ、新発見にたどりつけなくとも、少なくとも問いだけは独創的であることができます。どうせなら、だれかが踏み固めた道よりも、人跡がないところに道を作ったほうが気分が良くはないでしょうか？

〈問いは、比較からしか生まれない〉

問いというのは、比較の対象があって初めて生まれてくるものです。一つしかないところには、比較がありませんから、差異の意識も生まれず、したがって、問いも生まれません。

その良い証拠が北朝鮮です。客観的に見ればあれほど悲惨な生活状態にある北朝鮮になぜ革命が起こらないのかといえば、それは完全鎖国によって、民衆は比較しようにも対象がない状態に置かれているからです。そのため、おまえたちは首領様のおかげで世界一幸福な国民だと言われれば、そうなのかもしれない、いやそうにちがいないと思ってしまうのです。

第一回目に例としてあげた設計部員の野口さんの話を覚えていると思いますが、野口さんもまた北朝鮮と似たような状態にいたのです。すなわち、野口さんは下から上がってきたコンビナートの完成設計図をチェックする仕事をしていましたが、そのとき、配管に誤りはないか使用材質に誤りはないかをチェックしているだけで、設計図そのものに疑問を抱くことはありませんでした。北朝鮮の民衆が体制そのものに疑問を抱くことがないのと変わりありません。おそらく、前任の課長は北朝鮮の支配者と同じで、部下に対して自分の頭で考えてみろなどとは要求しなかったのでしょう。

ところが、新任の課長は、「こんな単純な仕事をしていて楽しいのか」と言って、野口さんに、設計図そのものに対しても問題意識をもてと言ったのでした。そこで、野口さんは、初めて、完成した設計図であろうとも、他に代替可能な設計というものもあるのだと気がつき、どうすれば工期短縮だとか、コスト削減などを設計図一つで可能にできるかという問題意識を持ったのです。つまり、目の前にある設計図のほかにヴァーチャルな設計図があると認識し、それとの比較によって、問題を立てることが可能になったわけです。

同じようなことは、文学作品なり芸術作品なりをなにも知らない学生にも当てはまります。たとえば、小説というものをまったく読んだことのない学生がいるとして、その学生になにか一つ小説を読ませると、最初に読んだこの小説をとてつもなく面白いと感じるにちがいありません。たとえ、それがおそろしく陳腐なものであっても、陳腐だということにはまったく気づかないはずです。

あるいは逆に、いきなりジョイスかプルーストの小説を読んだ学生がいたとしましょう（そんなケースは実際にはあり得ないのですが）。その学生は小説とはそういうものだと感じて、独創性に気づくこともないはずです。

このように、「これはあれとは違う、どこがどう違うのだろう、またそれはなぜなのだ」というような問いは、比較することによって初めて生まれるということです。比較でしか、差異への意識は生まれてこないのです。

どんな分野であれ、その道のベテランになると、わざわざ二つのものを比較しないうちに、一つ見ただけで、その独創性、あるいは陳腐さがわかります。すでに頭の中には比較すべき対象が蓄積されているからです。

たとえばベテランの古物商は、骨董の真贋を判断するときに、わざわざ本物と比べて見なくても、それだけで分かります。頭の中に比較すべきレファレンスがいっぱい溜まっているからです。これは、偽物も本物も、ともに数をこなして、その差異をしっかりと頭の中にインプットしているからこそできることです。

同じようにワインのソムリエも比較テイスティングをさんざんにやることで、ワインの違いを意識し、そこから、良いワインと悪いワインの差異を学ぶのです。

文芸評論でも、新しい小説なり何なりが登場したときに、蓄積のない人間が読むと、ものすごく新しく思えたり、難しく思えたりしますが、比較のレファレンスが沢山蓄えられている文芸評論家であれば、これはずっと前にあったものの焼き直しだ、しかも、かなり下手な焼き直しだと、一瞬で分かってしまいます。

ところが、この同じ優れた文芸評論家が、映画を見ると、まるで、ど素人と同じような素朴で陳腐な意見を吐くなどということが起こります。これは、映画の数をこなして差異を蓄積するということをやっていないために、優劣の判定のための比較の基準ができていないことを意味します。

〈問題を立てさせるには、比較のフィールドを広げてやることが必要だ〉

以上のことから、学生に問題の立て方を教えるには、なによりもまず、学生の比較のフィールドを広げてやる努力をしなければなりません。そのためには、学生の無知蒙昧を馬鹿にしてばかりいないで、まずその無知蒙昧の程度を正確に把握し、最低限の比較検討が可能になるよう、勉学メニューを整えてやる必要が出てきます。

文学論文の指導を例に取れば、学生がこれまでに読んだ文学作品をすべて書き出させ、そこから比較の対象となる作品をさらに読むように指導することが必要となるのです。

かつては、文学部ではこうした指導など考えられないことでした。学生は文学作品をたくさん読んだ文学青年だからこそ文学部に進学してきたのです。

しかし、いまは事態がまったくちがいます。文学の名に値する文学作品を掛け値なしに一つも読んだことのない学生というのは山のようにいるのです。それどころか、そのほうが圧倒的に多数派なのです。

事態は文学部には限りません。学生は早く専門課程に進学したがるくせに、前もって、その専門の予備知識を得ようとは思っていません。長い間の受験戦争の結果、自分の頭で考えるという回路を閉鎖しておいて、与えられた知識を咀嚼《そしやく》したほうが受験には勝てるということがわかっているからです。言いかえれば、教師が命じなければ、何一つやりだそうとはしないのです。

ただ、逆に、こうした完全な受け身態勢というのは、良い面も持っています。大学の教師の指導一つで、学生は比較のフィールドを拡大することができるということです。学生の頭の中は完全な白紙なので、比較のための色分けが容易にできるような読書の指導ができるということです。

〈類似性と差異性の把握〉

しかし、だからといって、三文推理小説しか読んだことのない学生にいきなりバルザックとジョイスを読ませても、さしたる効果は期待できません。

なぜなら、彼ないし彼女はこの三つが小説という同じ約束事に則った制度であるということ、つまり、これら三つの類似性を見抜けないからです。いいかえれば、あまりに掛け離れたものを比較せよといっても、差異の程度が大きすぎて、類似性が把握できないのです。それゆえ、差異性に対する問題意識もまた生まれてこないのです。

したがって、指導員は、いきなり差異性に目を向けさせるよりも、むしろ類似性の把握が可能なような学習メニューを作ってやったほうがいいかもしれません。凡庸な推理小説を一つしか読んだことのない学生にはライバル作家の作品をまず読ませて、観察させ、類似性という概念をつかませる。差異性の把握はそのあとでいいのです。

この指導法は、いわゆるオタク的な傾向がある最近の学生には向いているかもしれません。なぜなら、オタクというのは大枠での類似の中での差異の戯れを楽しむ傾向にあるからです。ようするにゲーム感覚です。

しかし、真の独創性を目指すには、オタク的な類似性と差異性の把握ではどうにも歯がたたなくなる段階がすぐにやってきます。なぜなら、オタクというのは、ジャンルという試験管の中での独創性の把握しかできないという限界をもっているからです。試験管の中では大発見に思えたものも、ジャンルを超えたところでは、ごく当たり前の法則にすぎないということがわからないのです。

それゆえ、論文指導員としては、ジャンル中での類似性と差異性の把握が一通りできるようになったら、次は、ジャンルを超えたところにある類似性と差異性を理解するように、学生の視野を広げてやらなければなりません。

では、どのようにして視野を拡大させたらいいのでしょうか？

〈問いを見つける　①歴史的方法＝縦軸に移動する〉

疑問を見つけて、問いを立てるためには、比較のフィールドを広げなくてはならないと言いましたが、その方法として、第一番目に試みるべきは、過去にさかのぼってみることです。というのも、取り上げる対象がどんなに新しく思えても、ものには必ず歴史があり、過去の事象の積み重ねの上にその新しさというのは生まれてきているからです。過去にさかのぼって比較をすれば、現在、あたらしく思われている事象も、類似と差異の網目の中にすくい取ることができます。

凡庸な推理小説を一つしか読んだことのない学生の例で見れば、類似と差異に気づかせるには、同時代の推理作家を読ませることも必要ですが、松本清張や江戸川乱歩を読ませることも同じように必要です。江戸川乱歩から始まった推理探偵小説の系譜において、現代の作家がなにを新しく付け加えたのか、それともまったくゼロなのか、あるいは退歩しているのかが、この縦軸の移動によって一目瞭然となり、その類似と差異によって、問題点を把握することが可能になります。そして、次には推理小説でない、一般の小説を読ませてみれば、推理小説というジャンルの約束事が見えてくるわけです。

文化事象の研究についても同様のことが言えます。

たとえば、いま流行のカフェについて調べたいという学生がいたとします。果たして、カフェで問いを立てることができるのでしょうか？　歴史的方法を用いれば、できないことはない。というのも、いまでこそ日本ではカフェという名称が一般的になっていますが、少し前まで喫茶店という名称が普通で、そこにはすでに差異があるからです。喫茶店の前は何だったのでしょうか？　大正時代までさかのぼってみると、これが意外にもカフェなのです。ここには類似があります。しかし、その大正時代のカフェといまのカフェは同じものか？　また、最初はカフェと言っていたものが、どうして一旦消えて、またカフェに戻ったのか？　こうしたかたちで、カフェについて次々に問いを立てることができるわけです。

これをサンプルとして話を進めてみましょうか。

まず、カフェ・喫茶店に関するいろいろな文献に当たります。それも、過去にさかのぼって文献を調べなくてはいけません。なぜなら、カフェや喫茶店という名称こそ使われていなくても、この概念に当てはまるような業態は昔にもあったからです。ただ、用語がちがっていた可能性はある。そこでこの業態に用いられていた用語をひろって、それらがどういうかたちで登場したかを調べあげてみます。

そうすると、カフェの概念に相当する日本最初の店は、カフェプランタンと、カフェパウリスタであることがわかる（正確にいえば明治の中頃の硯友社の時代にもその萌芽はあったのですが、これは一般には広がりませんでした)。それが明治の末から大正の初めにかけて出てきて、そのときはカフェと言った。

カフェプランタンというのは、フランス帰りの洋画家の松山省三という人が明治四十四年に今の銀座につくったものです。アメリカとヨーロッパに留学して帰ってきた松山省三が同じくパリ帰りの小山内薫に勧められ、パリのカフェのような、文人や画家や女優たちが集まってワイワイガヤガヤ議論できる、そういうサロン的な場所を作りたくて出した店です。森鷗外や永井荷風、黒田清輝や市村羽左衛門も会員になって、おおいに賑わいました。

もう一軒のカフェパウリスタは、少し遅れて、ほぼ同時期にできました。ブラジル帰りのコーヒー・プランテーションの開拓者の日本人、水野竜が、ブラジル政府から無償でもらったコーヒー豆を持ち帰ってこれまた銀座に作ったカフェで、これが今日的な意味でのカフェの最初ですね。

このカフェパウリスタのほうはじきに消えてしまうのですが、カフェプランタンの方は意外と残る。だけれども徐々に業態が変化してきます。

それは、カフェプランタンで女給を雇っていたら、その女給に客がつくという現象が起こってしまったためです。日本にはそれまで、飲食店に行ったら、そこでいきなり女の子が横について給仕をしてくれるというシステムの店はありませんでした。昔はまず待合というところに行って、そこから置屋にいる芸妓を呼び、仕出し屋に料理を注文しなければならなかったんです。ところが、カフェプランタンではすぐに女の子が相手をしてくれることで、やたらと人気が出てしまったんです。

それを見ていた抜け目ない業者が、今度はカフェライオンという店を出し、女の子を大量にいれて美人を揃えた。すると、これが大はやり。この大ヒットで、後追い業者が続々と参入してきた。たとえば、カフェタイガーという店は、お色気戦術を一層濃くする。このような変化が続くうちに、日本では、カフェといえば、女の人が接待して酒を出すところという、今の銀座のクラブやキャバクラのような意味にずれてしまいました。そして、カフェの「エ」が日本風になまって発音され、「カフエ」となりました。林芙美子が『放浪記』で描いている「カフエの女給」というのが時代風俗になる。

このように、最初はフランスにあるカフェを目指して創業されたものが、女給を入れて人気が出たために、「カフエ」に化けてしまう。その結果、ほんとうにコーヒーを味わってもらおうとすると、カフェではカフエのイメージが強すぎるのでまずいということで、新たに「喫茶店」という言い方が登場した。

ところが、「喫茶店」という名前が流布するに従って、こちらのほうにも意味のずれが生まれてくる。それは昭和三十三年の売春防止法が関係している。赤線を追われた娼婦たちが、深夜まで営業している深夜喫茶にたむろして個人営業を始めてしまったからです。かくして、東京オリンピックの直前になると、風俗矯正のためと称して深夜喫茶狩りが行われたのです。

つまり、その頃には「喫茶店」の名前の方にも、女とエロのニュアンスがついてくるようになってしまったということです。深夜喫茶とか、特殊喫茶とか、美人喫茶とかがこれです。

すると、それまで普通の喫茶店は、「深夜喫茶」や「特殊喫茶」と自らを区別するために、「純喫茶」と名乗るようになる。その「純」は、「純」粋コーヒーの「純」ではなくて、清「純」喫茶の「純」だったわけですね。

この変化が行き着いたさきが「ノーパン喫茶」であり、「カップル喫茶」です。これによって、「喫茶店」のイメージには決定的にエロのニュアンスがついてしまった。同時に、妙に古臭いイメージもまとわりつく。

こうなると、若い女性は喫茶店には寄り付かなくなるから、なにか別の名称を考え出さなければならなくなりました。ちょうどこのころ、日本人の外国旅行が多くなって、フランスに遊ぶ人が増えてきます。フランスには、カフェというものがあって、日本の喫茶店とはだいぶ違ってオープンスタイルで、給仕の仕方も違うということが一般に知られるようになる。ならば、いっそ、カフェという名前を使ったらどうか。

ということで、一九八〇年代から「喫茶店」がすたれ、「カフェ」がリバイバルしてくるわけです。

もちろん、この「カフェ」研究は、対象がどんなものであっても、縦軸に視座を移動してみれば、そこに差異と類似が見つかり、問題を立てることができることを示すサンプルとしてあげたものにすぎません。なにも、対象はこうした卑近なものでなければならないというわけではないのです。もっと重要な対象にもこの縦軸の移動は応用可能です。

というよりも、言語学で通時的比較と呼ばれているこの方法は、論文を書くための最もオーソドックスな方法の一つで、論文と名乗るようなものは、たいていが、この方法をどこかで採用しているのです。

〈問いを見つける　②横軸にずらす〉

しかし、対象によっては、いくら縦軸に移動しても、なかなか差異と類似が見えてこないものもあります。

たとえば、人間の体などがそうです。現代人の体を調べるために、歴史的に溯って原始人に至ったとしても、基本的な部分ではそれほどの変化はない。たとえば、現代人でも原始人でも、成熟したメスには膨れた乳房があり、これがオスをひきつける要因として機能していることは同じです。縦軸の移動では差異が見つからないから、ここには問題は立てられないように思えます。

ところが、軸を移動するのはなにも縦ばかりとは限らないのです。横にずらしてみるという方法もあるのです。つまり、比較の時点を現在にとって、人類を他の哺乳類、とりわけサルと比べてみる。サル学という隣接領域の比較の学問がそれです。

これをやるとたいへんな差異があることがわかってくる。サルには、それが最も人間に近いチンパンジーやボノボでも、恒常的に乳房が膨らんでいる種類は皆無なのです。乳房が膨らむのは子供に乳をやるときだけで、それ以外のときにはしなびたままなのです。

この横軸の比較から、大きな問題が立てられます。なぜ、人間の成熟したメスだけがいつも乳房をふくらませているのか？　そして、それは人間の行動や心理にどのような影響を及ぼしているのか？　こんな問題が生まれてくるのです。

これは言語学では共時的比較と呼ばれる方法です。この共時的比較は、通時的比較と併用することも可能です。というよりも、両方の方法を組み合わせることで、より効果的な差異と類似を発見することができます。

ふたたび人類のメスの膨らんだ乳房の問題を例に取ってみましょう。

まず横軸の移動によるサルとの比較で、メスの乳房が膨らんでいる人間は、哺乳類の中では極めて例外的なケースであることがわかりました。その結果、それはなぜなのかというかたちで問いが立てられることになります。しかし、ここから先は、横軸の移動では問題解決の糸口が見えてきません。そこで、今度は縦軸の移動を試みてみるのです。

ただ、こういうと、先ほど縦軸の移動では差異が見えてこないから横軸の移動に頼ったのではないか、という反論が出てくるでしょう。その通りです。

とはいえ、差異が見えてこなかったのは、比較を現生人類に限ったからで、それ以前のプレ人類というものを仮定してみると、今度は差異が見えてくるはずです。つまり、チンパンジーやボノボから分岐したプレ人類においてはどうだったのかと考えてみると、メスの全部が全部、乳房を膨らませていたとは限らないのではないかという仮説が生まれてくるのです。つまり、プレ人類においては、小乳のメスの中にあるとき巨乳のメスが突然変異で生まれ、これにオスの人気が集まったために、適者生存で、人間のメスはすべて乳房が恒常的に膨らむようになったのではないかという説です。

このように、横軸の比較で見つかった差異の原因をたどっていくと、どうしても縦軸の移動をせざるをえなくなって、縦軸のどこかにミッシング・リンク（失われた環）を探す仮説作業に入ることが多いようです。

なお、この仮説作業からどんな結論が導きだされたかを知りたい方は、拙著『セーラー服とエッフェル塔』（文藝春秋）収録の「愛とはオッパイである」というエッセイをご覧になってください。サル学の助けを借りながら、愛という不確かなものがオッパイという確固たるものの反映であるという説の証明が試みられています。

それはさておき、こうした横軸から縦軸へという転換の反対の、縦軸から横軸へというケースもありえます。

毎度エロチックな例で申し訳ないのですが、同じく『セーラー服とエッフェル塔』から「SMと米俵」というエッセイを例に取ってみます。

これは、日本のSMでは、なぜ、欧米のSMには見られない複雑怪奇な亀甲縛りというものが生まれたのかという疑問からスタートしています。つまり、これもいちおう始まりは日本と欧米という横軸の比較から始まっているのですが、亀甲縛りがあまりに日本的なので、比較はすぐに縦軸への比較に移行していきます。ところが、探求はここで暗礁に乗り上げてしまうのです。おそらく、亀甲縛りの元は着物の帯ではないかという仮説は出てくるのですが、いま一つ説得力に欠ける。

そこで、ここでもう一度横軸に移行してみて、ヨーロッパのSMの拘束具というものの起源を考えてみる。すると、それはヨーロッパに最も遍在する馬具であったという答えが出てきます。つまり、動物系文化であるヨーロッパではSMもまた動物文化を引きずっているのです。

これがわかると、次は、日本は植物系文化だから、SMも植物系なのではという類推が働きます。しかも、日本の場合、植物系の中心となるのは米ですから、ＳＭにも米の文化の影響があるのではという予想が働いてきます。そして、その予想から、あの複雑な亀甲縛りは米俵の縛り方と同じではないかという仮説が生まれてくるのです。横軸から再び縦軸に戻っての考察です。

これは、一見、とんでもない思いつきのようでしたが、いろいろと資料を集めてみると、意外にも当たっていたことがわかりました。これについてはあえて結論を言いませんから、お知りになりたい方はこれまた『セーラー服とエッフェル塔』をご覧になってください。

〈見つけた差異と類似を分析する〉

さて、以上によって、問題を立てるには、縦軸と横軸の移動によって観察を行い、対象の差異と類似を見つけることから始めなければならないということがわかったかと思います。

しかし、では、類似と差異が見つかれば、そこで問いを立てていいかというと、「ちょっと待て」と言わざるをえません。なぜなら、簡単な観察によって発見できるような差異と類似は、案外、表面的な差異と類似であることが多く、そこに問いを立てると、さして深いところまではたどりつけないことが多いからです。つまり、簡単に見いだせるような差異と類似は、とかく観察者を欺くような差異と類似であるケースが少なくないのです。

たとえてみれば、それはイルカとマグロのようなものです。どちらも大型の海洋生物で、海面を跳びはねながら集団で回遊するところはよく似ています。しかし、似ているのはそうした目に見えるところだけで、解剖をしてみれば、イルカは哺乳類、マグロは魚類と、まったく別の生物であることがわかります。

このように表面的な類似は構造的な類似ではなく、むしろ構造的には差異を示していることも、また、その逆に、表面的な差異が構造的な類似から生まれていることもあるのです。したがって、縦軸と横軸の移動で差異と類似を見つけたら、次は、それが本質的・構造的なものであるか否か、分析・検討を施さなければなりません。これを疎かにすると、論文はきわめて皮相的なつまらないものになってしまいます。

では、差異と類似が表面的なものか構造的なものであるかをどうやって見抜いたらいいのでしょうか?

一つは顕微鏡的な方法で、比較する両方の項目を細かく分割・解剖していくことで、その組成原子の異同をつきとめる方法です。

私が以前に書いたことのある司馬遼太郎と山田風太郎の明治小説の比較検討を例に取ってみましょう。これは、司馬遼太郎の『翔ぶがごとく』の冒頭と山田風太郎の『明治波濤歌』の一話がいずれも、大警視川路《かわじ》利良《としなが》(一般にはとしよし)のフランス視察をエピソードの中心に据

〈山田風太郎の考えた現代式構造〉

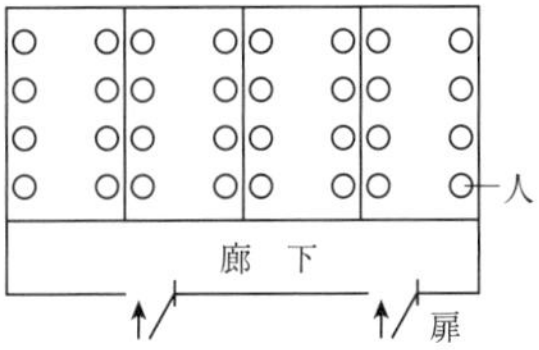

〈一等車の構造〉

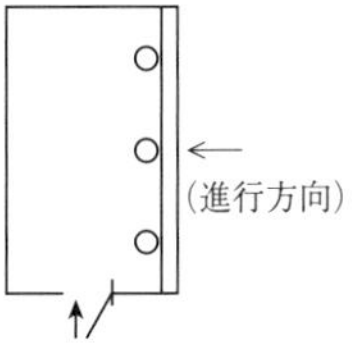

〈司馬遼太郎が想定した三等車の構造〉

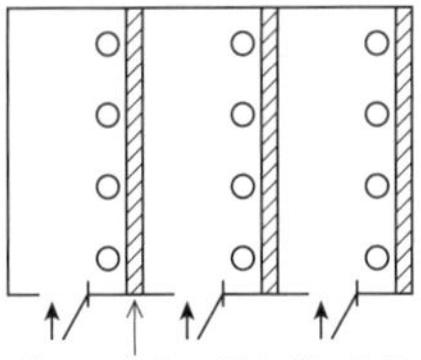
（この壁は天井まで届かず、上部は吹抜け）

〈二等車の構造〉

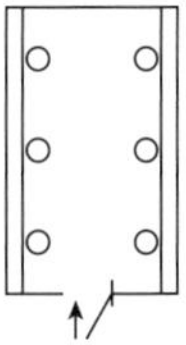
（一車両が一個室）

えるという「類似」に目をとめたものです。しかも、両者は、川路がマルセーユからパリに移動する途中、大便を我慢できなくなって、日本からもってきた新聞紙にして、これを窓から捨てたという逸話を扱っています。つまりは、「類似」の要素が非常に多いのです。

　しかし、一読すればだれでもわかるように、司馬遼太郎と山田風太郎の小説は水と油くらい違います。ですから、この類似は表面的なものにすぎないことは明らかです。では、両者の本質的な違いはどこに端的に出ているのでしょうか？

　分析に取り掛かってみると、思いのほか差異が網にかかってこないことがわかりました。どちらも同じ資料に基づいているからです。だが、さらに細かく分析すると、元の資料に記述がないため、二人がそれぞれ想像力を働かせて描写をしている場面があることがわかりました。それは、当時の汽車の内部構造です。

司馬遼太郎は、どうやら当時のフランスの汽車の構造を別の資料で調べたらしく、縦の廊下がなく、何列かの長椅子があるだけの客室として描いています。一方、山田風太郎は現在と同じ縦の廊下のあるコンパートメントとして描写しています。このどちらが正しいのでしょうか？　どちらも正しくないのです。なぜなら、当時の汽車には縦の廊下がなかった点では司馬遼太郎の通りなのですが、それはあくまで三等車で、川路たちが乗った客車は一等か二等であるはずだからです。ちなみに一等と二等は縦の廊下なしのコンパートメント型でした。つまり、両者ともウソをついていたのですが、司馬遼太郎は資料に当たった小ウソ、山田風太郎は資料にもあたらない大ウソという違いがあります。そして、この特徴は、両者の小説家としての特徴そのものなのです。

このように、表面的な類似は細部を分析していけば、やがて本質的な差異を示すことがあります。しかし、この方法ではダメなケースもあります。

たとえば、ヘミングウェイとフォークナー、大江健三郎と石原慎太郎、吉本隆明と江藤淳のような同時代のライバルの作家を比較するようなときがこれに当たります。両者は表面的な差異はむろんのこと、細かい分析でもことごとく差異をあらわします。すべての面で対照的なのです。

では、これらライバルは本質的に「差異」の作家で、「類似」ではくくれないのでしょうか？

そうとは限りません。両者は「類似」の項目で浮かびあがることもあるのです。ただし、それは顕微鏡的な分析とは違う方法を用いたときのことです。

同時代のライバルを比較するときに効果を発揮するのは、視点を未来に取って、そこから望遠鏡的に両者を鳥瞰してみることです。こうすると、対照的であるかに思えた特徴が相互補完的にすぎず、両者とも大きな枠組みの中にスッポリと収まって、むしろ、その時代に共通する特徴を示していることがよくあります。

しかし、これはあくまで、過去の作家、ないしはピークを過ぎた作家についていえることで、現役の作家をこの未来からの望遠鏡的な視座で眺めるのは至難のわざです。これが例外的にうまいのは斎藤美奈子さんで、『文壇アイドル論』（岩波書店）はまさにこの未来からの望遠鏡的な視座を存分に応用したものです。斎藤美奈子さんの手にかかると、対極にいたライバルたちでさえ、皆、相互補完的に見えてくるから不思議です。

〈仮説による問題の検討〉

さて、以上で、縦軸と横軸の移動で見つかった差異と類似が、顕微鏡的分析と、望遠鏡的鳥瞰によってふるい分けされた後もなお、本質的かつ構造的なものであると判定されたとしましょう。

では、ここで、差異と類似に注目して問題を立て、論文の執筆に取り掛かっていいのでしょうか？

もう少し待ったほうがいいと思います。なぜなら、せっかく立てた問題が、じつはほとんど価値がないということもあるからです。

すこし話がもどりますが、さきほど問題の立て方として、二つのタイプがあると言いました。一つは今まで何人もの人がチャレンジしていながら未解決のまま残されている問題に挑むタイプと、だれもまだ考えついたことのないところに問題を見いだすタイプの二つです。

このうち、前者に関しては、答えがわかっていないだけで問題の設定の仕方については確認はすんでいますから、それほど考えなくていい。しかし、後者に関しては、その問題の立て方が果たして適当かどうかを確かめる必要があるのです。

それは、リンゴの切り方に譬《たと》えて言えば、だれも立てたことのないところに問題を立てるということは、リンゴをオーソドックスに真上から切るのではなく、ほかの方向、たとえば真横からとか斜めからとか、人の思いつかないような角度から切り込むやり方に等しいわけです。真上から切れば包丁は必ず芯に達しますが、横からとか斜めからとかの切り方だと、リンゴの

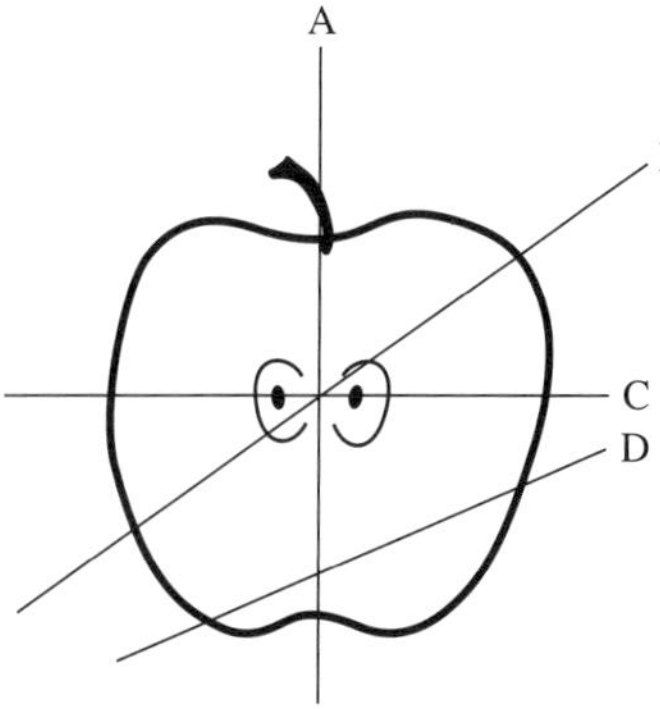

A：オーソドックスな切り方＝すでに立てられた問い
B／C：変わった切り方＝だれも立てたことがない問いで、本質に届くもの
D：はずれた切り方＝だれも立てていないが、本質にも届かない問い

芯を大きくはずして切る可能性がある。つまり、だれも立てたことのない問題の立て方をするときには、リンゴの芯に届かないような、ほとんど無意味な問いを立てているかもしれないという警戒心をもって臨むべきなのです。

したがって、だれも立てていないところに問いを立てるということは、本当はとても難しいことなのです。バルザックだとか夏目漱石だとかの総合性のある作家を対象にとりあげて論文を書こうとする場合、どんなトリビアルなテーマでも接近は可能なのです。たとえば、バルザックにおけるパンの問題とか、夏目漱石におけるビールの問題とか、いちおう、そうしたテーマからでも接近は可能なわけです。しかし、そのテーマを扱うことによってバルザックなり漱石なりの本質があきらかになるかというと、必ずしもそうとはいえない。むしろ、バルザックや漱石の本質とはまったく無関係にトリビアルな問題をとりあげたに過ぎないということが多いのです。

ですから、これまでに立てたことのないところに問いを立てるとしたら、その問いが果たしてトリビアルな問題ではなく、本質的な問題に届いているかどうか、リンゴの芯を切っているのかどうかということを検討しなければなりません。差異や類似の比較検討をして、ここには問いを立てられそうだと感じたら、その問いが果たして本質に届いている問いであるかどうかを、問題の解決に取り掛かる前に自己検証する必要があるのです。この段階を経ずに、いきなり論文に取り掛かったら、大いなる徒労に終わる可能性もあるのです。

例として、私の事実上の処女作である『馬車が買いたい！』（白水社）を取り上げてみましょう。

バルザックやフロベールの小説を読んでいるとき、さまざまなタイプの馬車が頻繁に登場し、なにやら共通の記号性を持っていることに気がつきました。考えてみれば、リアリズムというのは主人公の心の動きや感受性などを、抽象的な言葉ではなく、具体的な事物の描写によって表現しようとする方法です。ですから、馬車が記号性を持っていることは少しもおかしくないどころか、当然のことなのです。

しかし、私は、ここで、馬車のことを問題に取り上げることに疑問を持ちました。はたして馬車などというトリビアルなものが小説の本質的な部分に届く問題なのだろうか。

そこで、本格的に問題とする前に、サンプルとして『ゴリオ爺さん』のある場面を選び、検討を加えてみました。それは、立身出世の願望に燃える主人公のラスティニャックが紹介を受けた大貴族の邸宅に徒歩でやってきて、召使たちにさんざんに馬鹿にされる場面です。ラスティニャックの靴とズボンの裾には泥がこびりついていたため、召使たちからいっぺんで貧乏人と認定され、ひどく屈辱的なあしらいを受けたのですが、その屈辱の感覚は当時における馬車に関する記号性がわかっていないと理解しにくい部分です。貴族たちは、徒歩などでは絶対に人の家を訪れず、必ず自家用馬車を使いましたが、その馬車はたんなる移動のための乗り物であるばかりか、属している階級を示すステータス・シンボルであったので、その貴族の記号を持たないラスティニャックは、召使たちが実施する第一次試験で不合格になってしまったのです。

私は、このサンプル・テストで、馬車というのは、無一物な野心的な若者が階級上昇を狙うためには、クリアーしなければならない大きな関門として立ちはだかっていたという事実を突き止め、馬車ならば、バルザックやフロベールの小説の本質に届く問題であるという確信を強めました。そこで、ほかの作家の小説や戯曲にも当たり、馬車を主たるテーマとする研究を一冊書き上げたのです。

このように、これはというテーマや切り口を思いついたら、まずサンプル抽出での検討を行い、自分の問いが本当に本質に届くものであるかどうかを検証していくわけですね。

この検証をしないと、くだらない問いにたくさんの労力を費やしてしまうことがあります。とりわけ、学生諸君が立てる問いというのは、たんなる無知にすぎず、百科事典を引けば、いっぺんで答えが出てしまうようなものが多い。そういう問いを不用意に立ててはいけません。

また、せっかく問いを立てたと思っても、先人が同じような問いを立てていて、とっくに解答を出しているということもよくあります。さきほど、論文を書くということは、特許の申請と同じだと言いましたが、すでに特許の許可の降りているところに特許申請をしても無駄なわけです。

この意味で、新たに問題を立てるに当たって先人の残した研究成果を調べてみるということは不可欠な過程なのです。ここを省略しては、ただの甲斐なき努力に終わってしまいます。調べてみると、ほとんど新しい問いを立てる隙間がないほどにありとあらゆる問いが立てられていることも多いのです。文学研究で言えば、シェークスピアとかバルザックとかゲーテ、夏目漱石などの文豪は、この「あらたな問いが見つからない」分野だと言えます。

しかし、だからといって、未踏の地を探して、そこに問いを立てようとするのは無駄かと言えば、かならずしもそうとは言えません。なぜなら、あらゆる問いがすでに立てられているかに見えても、かならず、未問の問いというのは存在するからです。それは、えてして、さんざんに立てられた問いのすぐ隣にあったりします。言いかえれば、繰り返されて立てられた問いを少し変えてやるだけで、まったく新しい問いになることもあるのです。

そして、それは、かならずしも学問分野のことに限りません。新しい事業の開拓、新しい業態の開発などでも、未問の問いというのは存在するのです。

唐突ですが、例をラーメンに取ってみましょう。ラーメンのダシは長い間、鶏ガラから取るものと決まっていました。そこに豚骨ダシの豚骨ラーメンというものが九州からやってきて、新しいジャンルを成立させました。これでもう新しい工夫（つまり問い）はあり得ないと思われていたところ、ここ数年で、豚骨に煮干しや鰹節などの和風ダシを加えるという新しいジャンルのラーメンが生まれ、人気を独り占めにしてしまいました。豚骨に和風ダシは可能かという問いを果敢に立てた者が、ついにその解答を見いだしたということです。

この例からもわかるように、後発の者がすでに業績を確立した先人に挑もうとすれば、先人と同じ道を進んでいては決して追いつくことができません。どうしても、別の道、まったく新しい問いを用意しなければならないことになるのです。そして、ときには、それが学問分野や産業の業態を完全に変えてしまうということもありえるのです。

ですから、問いを立てるに当たってはできる限り大胆に、しかし、それを検証するに際してはできる限り細心に、こう進言できるのではないでしょうか？

〈未問の問いをどうやって発想するか〉

ところで、だれも立てたことのないところに問いを立てることですが、こうした未問の問いを見つけるには、一種独特の勘が必要になります。勘ですから、いくら努力しても、その能力を身につけることはできず、初めから、勘が働く人と働かない人はきっぱりと別れてしまいます。当然ながら、いくら勉強しても、勘が働かず、新しい問いを見いだすことのできない学者というのが存在します。

第一、対象を観察したり、資料を読むという準備段階でも、すでにこの勘というものが必要になります。どこの学問ジャンルでも、資料というのはものすごい量が存在します。それをばか正直に最初から最後まですべて読んでいたら、一生かかってもほんの一部を読んだだけでお終いになってしまいます。ですから、対象を観察したり、資料を読む段階でも、最低限の勘を働かせないと、問題として立てることができるような差異や類似をさぐり当てることができません。

ただ、新たな問いを見つけるというのは、勘に頼る部分が大きいとはいえ、まったく学習不可能というのではありません。しばしば、刑事などは職業上の勘が働くといいますが、この勘というのは、じつは経験の量によっても生まれるものです。だれでも、経験の量を積んでいけば、おのずと勘が養われてくるのです。これはどの分野でもそうです。

しかし、これから論文を書こうとしている学生諸君は、そんな経験を積んでいる時間がありません。そのジャンルに関する経験はゼロに等しいにもかかわらず、なにがしかの論文を書いて提出しなければならない。こうしたときには、どうしたらいいのでしょう？

自分がこれまで多少とも経験を積んだことのある分野における思考法なり、方法論なりの応用がきかないかを考えてみることです。

世間には、何か新しいことを理解しようとするときに、きまってゴルフのたとえを使う人がいるでしょう。大橋巨泉なんかがそうですね。私の知っている人の中には、すべての事象を、大相撲と将棋のたとえで理解しようとする人がいます。昔だったら、なんでも軍隊との比較で理解しようとする旧軍人というのがいました。

こうした態度は決して間違いではないのです。なぜなら大相撲でも野球でもゴルフでも、また軍隊でも、その人はプレーヤーとして、あるいはファンとして多少なりとも経験を積んで、構造的なものを把握する能力を獲得しているからです。この構造的な把握力というのが、勘と呼ばれるものにきわめて近い。もちろん、ジャンルが異なれば、構造が異なりますから、勘がまったく働かないこともあるでしょう。しかし、それでも、まったく経験がないよりはあったほうがいいのです。類推力のある人は、一つのジャンルの理解によって他のジャンルも理解できるようになります。

これは語学の学習などにおいてははっきりと証明できます。新しい語学をゼロから勉強するとき、まったく語学を学んだことのない人より、すでに一つでも語学を学んだことのある人のほうが上達は早い。また、たくさんの語学を学んだ人はいくらでも新しい語学を学ぶことができます。

同じような構造把握力は職業上の経験からも生まれます。職業を持っている限り、必ず専門が生まれます。コンビニやファミレスのバイトだろうと、段取りをつけてテキパキと事を進める方法を学ぶはずです。無秩序を秩序へと収斂していく一つの方法がそこにはあるのです。また、多少とも専門的な知識が必要とされる職業であれば、構造化や体系化という作業はだれでもやっていますから、その経験を生かすこともできます。

ようするに、自分にとって未知のものに接するとき、既知のものと類似した構造がないかをまず探り、そこに「ある共通する型」が見つかったら、以前につちかった経験＝勘を働かせてみることです。丸谷才一さんは『思考のレッスン』（文藝春秋）の中で、この「ある共通する型」を見抜く力のことを「見立て」の力と呼んでいます。

『セーラー服とエッフェル塔』に収めた「フロイトと見立て」というエッセイは、こうした他のジャンルで学んだ構造把握の力、すなわち「見立て力」が、新しい学問を創始するのにいかに役立ったかを語ったものですが、そこからいくつか例を引いてみましょう。

精神分析学の創始者フロイトは、無意識の構造を発見するにあたって、自分が趣味としていた先史考古学の方法、つまり、考古学者たちがこれはと卜した土地を掘り起こし、出土した破片を集めて繋ぎ合わせ、その年代を推定し、それが後代のものか、それとも先史時代のものかを判定し、先史時代の生活の全体像を浮かびあがらせるのと同じことを、精神の領域に施そうとしたのです。

同じように、フロイトの経済論的観点という思考法は、当時ウィーンで活況を呈していた株式市場への投資と類似していますので、フロイトは実際に株式投資をした経験があって、そこからこれを思いついたのではないかと推測されます。

フロイト以外の例としては、ラヴォワジエという十八世紀フランスの科学者による、燃焼理論の確立があります。当時はまだ燃焼というのがどんな現象であるかが分かってはいませんでした。プリーストリという人は、物質の中にはもともとフロギストン（燃素）というものがあって、それが燃えて外に出てなくなること、つまりフロギストンが抜けるのが燃焼だと主張しました。ところが、ラヴォワジエはそうは考えませんでした。なぜなら、フロギストンが抜けるのであれば、燃えた物質は燃える前よりも軽くなっていなければならないはずなのに、実際には重くなっているからです。これは燃焼によってフロギストンが抜けたのではなく、何か、後に酸素と呼ばれるものが付着したにちがいない。こう考えたラヴォワジエは、すべてを厳密な測定法で質量測定し、そのことを実証しました。

ラヴォワジエがなぜこのような方法を思いついたかというと、彼は徴税請負人だったのですね。ルイ十六世の時代に、フランスでは財政が破綻したのに、これ以上は税金が取り立てられないという事態に立ち至りました。そこで、大金持ちに呼びかけて、税金を前もって払ってもらうことにしました。では、税金を払った大金持ちはどうするかというと、王様は、お前たちには徴税の権利をあげるから、人民から勝手に税金を取り立ててよいと言ったのです。まあ、一種の徴税の民営化ですね。大金持ちは、最初に一括してお金を王様に前渡ししてしまうと、あとはもう好きなだけ人民から税金をとっていいわけです。おかげで、彼らは想像を絶するくらいのお金持ちになりました。今もパリにあるモンソー公園とか、他のいくつかの公園は、この時代の徴税請負人の領地とか別荘だったものです。

この徴税請負人に志願した一人がラヴォワジエでした。徴税請負人たちはパリを柵で囲って、四十何カ所かの市門を作り、そこで、パリに入ってくる食料品に税金をかけることにしました。ワイン、パン、肉、など食料品全部に今日でいう消費税をかけたのです。ところが入市税から逆算される食料品の量と、パリの民衆の人口から計算される食料品の量がどうも合わない。つまり、税金を払わずにパリに入ってきている密輸の食料品が相当たくさんあることに気がついわけです。そこで、ラヴォワジエの提案で柵ではなく、人が乗り越えられないような城壁が建設されました。これで簡単には脱税ができなくなり、徴税請負人は大いに税金を取り立てられるようになったということです。

ラヴォワジエは、燃焼の理論を構築するとき、この絶対的な数量比較で、物質の出し入れを推測するという徴税請負人のアイデアを使いました。自分の職業で得た構造把握の力を、別の分野の問題を解くときに使ったのです。

このように、自分がこれからやろうとしているのが、未開拓の学問分野であって、研究方法が確立されていないようなときには、他の既知の学問分野から構造把握の方法を借りてきて、これを観察した現象の分析に使うということがしばしばあります。

構造人類学を創始したレヴィ＝ストロースなどがそうですね。レヴィ＝ストロースはどんなに原始的に見える未開人の行動や思考にも、それなりの論理と構造があるのだという事実を、フロイトの無意識理論やソシュールの言語論などの構造把握の方法を借りて証明していきました。

レヴィ＝ストロースは、他の分野から方法を借用するこうしたやり方を、ブリコラージュ（素人大工仕事）という言葉であらわしました。ブリコラージュとは、本来、金槌がないときに代わりにバールを使って釘を打ってしまうような、間に合わせの仕事ということですが、レヴィ＝ストロースは、この言葉で、方法は他の分野から借用してきてもいいのだ、というよりも、積極的にこれを行ったほうが実りが多いと言おうとしたわけです。

これは、案外重要なことで、どんなにユニークな発想をする人であろうと、必ずどこかでアイディア借用というのをしています。けれどもそれを、同じジャンルでしたのでは、単なる物真似、エピゴーネンになってしまいます。しかし、分野を変えてやれば、これはブリコラージュということで、立派な成果を生み出すことになり、ときとしては新しい学問の創始者という栄光を受けることにもなるのです。

〈起業家にも見立て力は必要だ〉

こういう借用、ないしは見立て力は、じつは学問に限らず、商売でも同じように必要です。以前、『小倉昌男　経営学』（日経BP社）というタイトルの本で読んで非常に面白かったのは、ヤマト運輸の宅急便を創った小倉昌男さんという方がどのようにして宅急便を思いついたか、という、その思考法です。

運送会社が、同じ種類・同じパッケージの荷物を、たとえば工場から工場へと運ぶとき、数量が増えるほど儲かるかというと、そうではない。こうした一括輸送のときには一個あたりの送料を安くしなければならないから、運べば運ぶほど利益率は薄くなってしまう。一括の輸送は意外と儲からない。むしろ、個人から荷物を一つ一つ預かったほうが、まけろと言われない分、利益率はいい。しかし、こちらは手間が膨大であるという欠点がある。そこで、問題が立てられたわけですね。個別の消費者から一つ一つ荷物を預かりながら、しかもロジスティック(物流)をうまくして、手間がかからないようにするにはどうしたらいいかという問いです。これは小倉さんが立てた、それこそ論文に値する大問題です。

このとき、小倉さんがアイディア借用(ブリコラージュ)の元にしたのは、面白いことに吉野家の牛丼とJALパックでした。

まず、吉野家の牛丼屋ですが、吉野家ではチェーン展開を始めたころ、メニューを全部牛丼にしてしまいました。単一商品、単一価格だからコストをギリギリまで切り詰めることができたのです。小倉さんは、これに着目して、新たな業態を開拓する宅急便では、品目は六百円の小荷物一つに限った。こうすることで、計算の面倒くささを取り除き、送り状を簡略化することができる。

もう一つのJALパックの画期的アイディアというのは、旅人が海外旅行へ行こうと決めたとき、以前は、まず行く場所を決めてルートを選択し、交通や宿の手配をしてというように、全部自分で決め、自分で手配しなければならなかった。そして、これにはスケール・メリットがないから割高だった。ところが、ＪＡＬパックでは、こうした面倒くさいことを全部ＪＡＬがやってくれたうえに、人数をまとめるから割安になった。つまり、パッキングのツアーでいくらという値段で売るのがポイントだったわけです。

小倉さんは、この二つのアイディアを借用してきて総合し、宅急便をつくりだしました。牛丼の単品にあたるのが、家庭用荷物。宅急便では、家庭用荷物だけしか扱わない。それで値段も均一にしてある。ＪＡＬパックにあたるのは、消費者は宛て先と自分の名前を書くだけで、荷物が届くまでの中間的な面倒は全て会社のほうでパッケージして手配してくれるということ。

運輸省の妨害など、いろいろな障害があったけれども、小倉さんはそのたびに新しいアイディアで問題を切り抜けて、ついに困難を克服しました。

小倉さんが言うには、どんな問題でも、プラスばかりでマイナス・ゼロ、あるいはマイナスばかりでプラス・ゼロということはあり得ない。問題を立てるときには、プラスとマイナスの両面が必ずある。要は、プラスを生かすために、マイナスをどうやって減らすことができるかにかかっているというのです。

このように、ビジネスでも、学問と同じで、問いの立てられたことのないところに問いを見つけて、不可能を可能にするべくいろいろと考えをしぼる。そのときに、難所を切り抜けるアイディアの元になるものは、他のジャンルでうまくいっているアイディアを借りることです。

ただ、そのとき、共通している型や構造は、そのままのかたちで露出しているわけではないから、ある種の勘を働かせてこれを見抜いて借りる。この点は論文もビジネスも、全く同じなのですね。

だから商売のアイディアでも論文のアイディアでも、違う分野の中に共通の構造なり型なりを見つける、見立て力ということが本当に重要で、アイディア競争に勝つには、これだけが決め手になるといってもいいくらいです。

〈複数の専門分野を持つ〉

このように、ある分野で培った見立て力＝構造把握力を、他の新しい分野にも応用し、そこに共通な型を見抜いて、問題を見つける。これが、前人未到というよりも、前人未問の問いを立てるために必要不可欠の方法です。

しかし、その肝心の構造把握力というのは、ある分野を軽くさっと勉強しただけでは得られないものなのです。それを獲得しようとすれば、ある程度、その分野の専門家にならないといけない。ということは、最低でも二、三年はかかるということになってしまいます。しかし、勉強するのだったら、そこまでやらないといけない。二つ三つの分野を同時並行して広く浅くやったというのではいけないのです。日本の学者が弱いのはここですね。

欧米の学者はすごいでしょう。MITで電子工学を修めてから、ソルボンヌへ行って文学博士になり、ハーバードで科学史を教えているというように、いろいろなところで、全く違うジャンルを専門的に勉強するという人はいくらでもいる。というよりも、そうして、それぞれの分野で構造的なものを把握した人でないと、独創的なアイディアは出せないし、世界に通用する学者にはなれない。これが、欧米、とくにアメリカのアカデミズムの現実です。

こうしたハードなアカデミズムの学者はたんに複数の学問分野の専門家であるというだけではない。それぞれの分野で身につけた重層的な構造把握力があるから、新しい学問分野に臨んでも、すぐに見立てができて、まったく新しい問題を立てることができるのです。

これに対して、日本では仙人の修行などと同じように、その道だけに鋭意専心して、苦節何十年という学者が尊ばれる。日本人というのはまじりっけなしの純粋というのが好きなのです。

しかも、その大学者の弟子の先生というのも同じような考え方だから、自分の学科の大学院に毛色の変わった学科から学生が入ってくることを喜ばない。ひたすら純粋培養された純潔の学生、院生のみをかわいがる。すると、その院生が先生になったときにまた同じことをやる。こうしたタコ壺掘りが三代続くと、完全な専門バカの学者が生まれてくるのです。

では、この手の専門バカの学者先生の書いた論文が面白いかというと、たしかに細部には驚くべき学識が詰められているけれども、問題の立て方とか、論理の進め方などはただただ手堅いというだけの取り柄しかない。フロベールの『ボヴァリー夫人』研究に一生を捧げましたなんて人の研究なんてものに面白いものは絶対に出てこない。

これは当たり前なので、方法論というのはブリコラージュ、他分野借用をしないかぎり、絶対に更新されないのです。ヤマト運輸の小倉さんが、吉野家の牛丼とＪＡＬパックからアイディアを借りないかぎり、宅急便が誕生しなかったのと同じです。

〈他分野借用を誤解してはいけない〉

しかし、こう書くと、かならず大いなる誤解をする人がいるから要注意です。それは、アイディア借用というと、よし、夏目漱石や谷崎潤一郎を読むのに、フーコー、デリダ、ドゥルーズ、ラカンなどの概念を使ってやろうと考えたりする人たちです。仏文学者の手掛ける文芸評論、あるいは新しもの好きの国文学者が書く論文の多くがこれです。同じように、日本の文化史を手掛けている人の中にも、フーコーのパノプチコン理論だとかベンヤミンのパサージュ論を使って文化事象を読み解こうという野心を持つ人が少なくありません。一昔前だったらフロイト理論やマルクス主義などに拠っていた学者たちです。

はっきり言って、この人たちはブリコラージュ、他分野借用という方法を誤解しています。彼らは、ある分野を専攻することで身につけた構造把握力を他の分野に応用し、両者に共通する型や構造を見抜いてそこに問題を立ててはいないのです。それは大工修業で習得した勘やコツを、指し物や建築に応用するというのではなく、たんに、日曜大工センターで売っている電動ノコギリや電動ドリルを買ってきて、ログ・ハウスを作ろうとするようなものです。ところが、付け焼き刃である上に、方法論への理解もありませんから、ログ・ハウスを作るつもりが犬小屋くらいしかできない。にもかかわらず、犬小屋を作っては電動工具の切れ味を自慢しているのです。

こうした借用のやり方は、はなはだダサイもので、後になると自分でも恥ずかしくなるのが常です。そのときに新しく見えた分だけ、古くなるのが早い。せっかく作った犬小屋に犬も住まなくなっていたりします。

ですから、ブリコラージュはおおいに結構ですが、その時代時代に流行している電動ノコギリや電動ドリルを買ってきて、それを自宅で使うというような安易な借用は厳にいましめるようにしてください。

じつを言うと、かくいう私もこの電動ノコギリ方式におおいに誘惑されたことがあるのです。私が学者としてスタートしたのは一九七〇年代の後半ですから、フーコー、デリダ、ドゥールーズ、ラカンが猖獗をきわめていた時代です。しかし、私はたまたま、精神分析と記号論を映画理論に応用したクリスチャン・メッツという学者の『シニフィアン・イマジネール』(邦題『映画と精神分析――想像的シニフィアン』白水社）という本を翻訳し、その馬鹿さ加減に呆れ返って、以後、二度とこの電動ノコギリ方式には手を出さないようになりました。

ついでに個人的なことを言ってしまうと、私の事実上の処女作に当たる『馬車が買いたい！』という本を書いたときに、そのアイディアのもとになったのは、意外なことに川本三郎さんと真淵哲さんの共著『傍役グラフィティ』（ブロンズ社）という本なのです。この本は、さまざまなアメリカ映画に登場する脇役たちを一冊にまとめたものですが、著者たちとりわけ川本三郎さんが脇役を扱う視点というのをとてもおもしろく感じました。すなわち、たくさんの映画にチョイ役で出ている脇役というのはある程度キャラクターが決まっていますので、出演映画の役を繋ぎ合わせ、重ね合わせていくと、ひとつの別の人格が生まれてくる。そして、その人格から、個々の映画の役を眺めると、これがバラバラに眺めていたときよりもはるかにおもしろいというわけです。

私はこれを読んで、ほとんど無意識のうちに、構造を把握していたと思うのですね。そして、その構造把握力をもって、バルザックやフロベールの「我らが主人公パリに上る」という同じパターンの小説をいくつか読みこんでいくうちに、ちょうど『傍役グラフィティ』で川本さんがやっているように、さまざまな主人公の特徴を繋ぎ合わせ重ね合わせて、彼らとは別の人格、すべてに共通するけれど、実はどこにもいない主人公を抽出することに成功したのです。そして、こうして別に作った主人公で、個々の作品の主人公を眺めてみると、そこに差異と類似が浮かびあがってくる。ここにおいて、私は「馬車が買いたい」という願望を持つ主人公を中心として、一つのモノグラフィーを書くことができると確信したわけです。

この例からもわかるように、構造把握のためのツールというのは、日曜大工センターに行けば売っているというようなものではないのです。むしろ、「えっ、こんなところに！」と驚くようなところに、それは見つかるものなのです。

ただし、そうした発見は、こちらが専門の課程に進んで論文なり本なりを書こうとして、なんとか新しい問題を立てようともがいているときでないとなされないものなのです。つまり、イエスの言うように「求めよ、さらば与えられん」ということなのです。

したがって、大学の教養学部というものは、むしろ論文の準備をしなければならない、三、四年生、あるいは大学院生向けに開講したほうが効果的かもしれません。というのも、専門分野で論文を書こうとするときには、その分野の本を読むことも大切ですが、構造把握力を養成するために、他の学問分野の本を読み、ブリコラージュの方法を学ぶことが緊急に必要となるからです。

その必要というのは、まったくゼロの状態で大学に入った一年生のときよりもはるかに痛切に感じられるはずです。他の分野で新しい構造把握法を学んでから、もう一度自分の専門をより深く勉強すると、新しい発見ができるものです。

私も今になって、物理とか化学とか生物などの自然科学の方法論をもっときちんと勉強しておけばよかったと後悔しています。

ただ、教養学部にいたときには、早く専門に進みたいとばかり思っていて、他分野の学問の授業には身が入らなかったことを覚えています。人間というのは、自分でもって必要を感じるようにならないと、なにごとも積極的には取り組まないもののようです。

そこで提案なのですが、大学に入学した一、二年は、専門学校と同じような完全な専門教育に当てて、この二年を修了したものには中級専門家免状を与えることにします。そして、三年目の一年間は、構造把握法を身につけるために、他分野の学習に専心する。こうすれば、いくつかの学問分野の構造把握法が身につきますから、四年生でまた専門分野に戻ったときに、新しい問いを立てることがかなり容易になるのではないでしょうか。

〈複数の専門分野を持つことは、物書きにもサラリーマンにも有効だ〉

同じことは、学者や学生ばかりではなく、マスコミで遊泳している物書きについても言えます。

その昔、ホリプロダクションの堀会長にインタビューしたときに伺った話ですが、タレント・プロダクションを経営していくために堀会長が自ら定めた二五パーセントルールというのがあって、一人のタレントに依存する率が二五パーセントを超えると、そのプロダクションはかなり危険だというのです。人気タレントが引退したり移籍した場合に、プロダクションはたちまち危機に陥り、潰れてしまうからです。

じつは、物書きもこれとまったく同じ原理に則って生きているのです。自分が書ける分野が一つしかないと、その分野の流行が去ったときに、もう書く場がなくなって、物書きとしてはやっていけなくなる。ですから、少なくとも書ける分野を四つは用意しておかないと、筆一本で長く生活していくことはできません。

この、書ける分野が四つあるということは、たんにマスコミ・サバイバルの問題だけではありません。各分野でそれなりに修業を積んで行くと、例の構造把握力というのが身につきますから、これを他の分野のことを書くときにも応用できるのです。

これはサラリーマンについても当てはまります。大企業に入って、ずっと人事畑一筋でやってきた人がいるとします。その人はたしかに人事の専門家でプロフェッショナルかもしれない。しかし、会社の業績が悪くなってリストラで会社をほうり出されたら、その人はもう潰しがきかないんですね。人事のプロフェッショナルなら他の会社に雇ってもらえるだろうとその人は考えるでしょうが、よく考えれば、他の会社にだって人事のプロフェッショナルはいるわけです。それに、日本の会社のプロフェッショナルというのはその会社にしか通用しないという応用力のないプロなんですね。

だから、会社でサラリーマンをやっていても、できることなら、いろいろな部署をわたり歩いて、準プロフェッショナル的な分野を四つ以上持ったゼネラル・サラリーマンになっておいたほうが、いざリストラとなったときに潰しがきくのです。それに、こうしたゼネラル・サラリーマンなら、自分でもって会社を起こすことは容易です。

先に話題にした化学プラントメーカーの設計部員の野口さんの例ですが、野口さんは、自分の分野では解決できない壁にぶち当たると、他分野借用のために、会社の他のセクションの人にヒントを聞きにいくようになったそうです。もう一度その部分を引用しておきましょう。

「さらに最近では、改善点や疑問点を見つけると、畑違いの部署の技術者に相談するよう『工夫』している。同じ技術者でも担当分野が違うと、発想やノウハウが違う。より大きな『お土産』を生み出せる可能性があるからだ」

このように、普通のサラリーマンでも、分野の違うところに、構造的な類似を見つけて、それをヒントにするということは可能なのです。野口さんは間違いなく会社で出世することでしょう。

また、これは、キャバレー王の福富太郎さんから聞いた話ですけれども、一代で会社を築いた創業社長が息子や娘に跡を継がせたいと思うなら、その二代目を大企業に入社させるなんてことは絶対にしてはいけないそうです。なぜなら、大企業では、社員は歯車の一つになるだけですから、会社を継いでこれを経営していくときのノウハウもスキルも得ることができない。なら、どうすればいいかというと、二代目を修業に出すには、現場から経営までなにもかも自分でやらなければならない中小企業、それも潰れかかっているところがいいそうです。なぜなら、こうした企業なら、人がどんどんやめてゆくので、その二代目が副社長格で、さまざまな難事をクリアーすることになる。しかも、それは仮定の体験ではないから、危機意識が骨身にしみて、自分のものになり、親の会社に戻って跡を継いだときにおおいに役立つというのです。

以上のような意味で、学者はもちろん、物書きも、さらにはビジネスマンも、二代目の経営者も、自分がある程度の専門知識を持つ分野を最低四つは持っているのが望ましいということになります。

二五パーセントルールはすべての分野で応用可能なのです。

〈経験と知識を積んで、かつ原点にもどる〉

これまでのことを整理すると、論文というのは、良い問いを立てることに尽きると、まずは言うことができます。しかし、良い問いを立てるには、自分が論文を書こうとしている専門分野の中に、自分がある程度知っている他の分野と共通するある種の型や構造を見抜く力、見立て力がなくてはならない。ところで、その見立て力を磨くには、複数の専門分野で方法論を学んだ方が望ましいから、専門を深めると同時に専門以外のものも勉強する必要がある。

しかし、こういうと、私にはとうていそんな暇はない、専門分野はせいぜい一つで済ませたい。なにか、別の良い方法はないか、と尋ねる人がいます。

こうした人にはこう答えるほかありません。問いを立てるのはコツがいる。だから、日頃から、日常生活の中で、常住坐臥、問いを立てる訓練をしておくことだと。

ちょっと、切ない話ですけれど、人間が生きていくうえで毎日避けることができないものに食事と排泄があります。この二つだけはどうしても避けることはできない。

しかし、考えを逆転すると、避けることのできないということは、それなりに毎日問題意識を深めることができるということも意味しているのです。

たとえば、私は大便をするたびに、必ずといっていいくらい、一つの疑問を感じます。自分のしたウンコは臭くても不快ではないのに、トイレに残っている他人のウンコ臭はなぜ不快なのだろう？

これは当たり前のことのようですが、しかし、さらに考えてみると、いろいろとわからないことが出てくる。そこで、様々な文献を漁って、糞便への文化的刷り込みや、トイレのプライベート化の歴史、乳幼児の嗅覚本能から、成長に必要な嗅覚の抑圧などのことを考察してみました。

どうして、自分のウンコは平気で、他人のウンコは嫌なのか。かつて、トイレが共同でくみ取り式だったときには、他人のウンコなどという問題は出てこなかった。糞になってしまえばみんな一緒。一旦落としてしまえばみんな同じだった。それが水洗になると、一人一人が、自らの「作品」と対峙せざるを得なくなる。同時に、便所に他人のウンコが残っていれば、それと直接対決を迫られる。そこから自分と他人の便臭の区別の意識が強くなり、最終的には自臭症という問題にまでたどりつく。自分がとてつもなくいやな臭いを発しているのではないかと悩んで、ノイローゼになってしまう自臭症という病気があるのですが、それは、意識のどこかで、自他の意識がひっくり返って、あるとき他人の視点で自分を見たとたん、自分が相手の匂いを耐えがたいように、自分の匂いが相手には耐えがたいのではないかと思いつめてしまう。

このように、他人のウンコの匂いが嫌だという非常にプリミティブで根源的な問いからスタートして、人間の意識の逆転現象にまで行き着く可能性が出てきたわけです。

私はこういう問いを子供相談室の問いと言っているのですけれども、さまざまな問いの中で、最もパワーのある問いは、子供が発するような、プリミティブで、かつ根源的な問いだということです。

しかし、考えてみれば、十九世紀から二十世紀にかけて書かれた世界的な大論文というのは、すべてこういう子供相談室的なプリミティブな問いから始まっています。「夢はなんで見るの？」というのがフロイトの夢理論の出発点です。「お金って何だろう？」、これがマルクスの『資本論』の問題提起です。あるいは「資本主義はどうやって生まれたの？」はマックス・ウェーバーの『プロテスタンティズムの倫理と資本主義の精神』の問いです。また、「恐竜はいなくなったのに、亀とかトカゲがなんでいまでもいるの？」、これはダーウィンの『種の起原』の問いです。

このように、世界的な大論文は、いずれも複雑でも何でもない、子供たちが日常生活の中で感じているような根源的な問いを出発点にしているのです。

だから、専門家として経験と知識を蓄積し、その分野を深くきわめながら、それでいて、どうやればプリミティブな問いを発することができるのか、ということを日々考えていた人が最後には勝つということができるのではないでしょうか。

〈宿題と質疑応答〉

問題の立てかたについては、以上です。論文を書く上での技術的なことなどは次回以降お話ししていくことになります。

それでは、次回の宿題として、みなさんに、ひとつ、プリミティブかつ根源的な問いを立ててきてもらいましょう。できれば、私がびっくりするような問いを立てることが望ましい。反対に、瞬間的に答えが出てしまうのはだめです。無知からの問いでは困ります。こうすると、問いを立てるということが意外と難しいことがわかってくるはずです。すごい問いだと思っていたら、すぐに答えが出てお終いということもあれば、すぐに答えが出るだろうと予想していたら、そうじゃなかったということもある。最初は常識的な答えが出たけれども、さらに問いつめていくと、意外に根源的な問いに達することもある。

だから、どんな分野でもいいですから、ひとつ、問いを立てる練習をしましょう。これが課題です。

学生A　質問があります。答えは別に出さなくても、問いを作ってくればよろしいんでしょうか。

鹿島　そうですね。しかし、さきほど、「問題の検討」のところで指摘したように、ひとつの問いに対して、いくつかのシミュレーションの答えを出してみて、これは問いとしていけそうだと予測しておくことは必要です。論文の問いの立てかたというのは、推理小説の書き方と似ているところがあります。推理小説では探偵や刑事の他に、語り手がいるでしょう。語り手は探偵や刑事が口に出す疑問や仮説をそのまま引き写しているように見えて、その実、ちゃんと選択をして読者に呈示している。問いを立てるときにも、探偵や刑事でありつつ、語り手でもあらねばならない。つまり、問いを立てつつ、その問いが問いとして成り立つか否かを判定しなくてはならないのです。だから、ある程度、答えを出せる見当がついていなくては、問いにはならないわけです。

学生B　問いを立てることと仮説の答えを予想するのは同時ということですか？

鹿島　かならずしも同時でなくともかまいません。というのは問いによっては、どんなに仮説的な答えでも出ないものもあるからです。根源的な問いであればあるほど仮説の答えさえ出ないものがある。そうした問いは、かなり長い間、こころの中であたためておいて大きく孵化してやる必要がある。ただ、直感でもいいから、いちおう仮説を出そうと試みるようにはしたほうがいい。そうしないと、永遠に問いのままで止まってしまうからです。

いい論文を書くためには、もう一つ問題があります。それは、せっかくいい問いを立てながら、常識的な思考が働いて、どうでもいいような凡庸な結論になってしまうというケースです。先生の顔色を見ながら書いた論文には、こうしたことがよくあります。グッド・クエスチョンなのだから、目の覚めるような鮮やかな答えが出てもいいはずなのに、結局、バッド・コンクルージョンということもないわけではない。常識的なところに落とすということは結構ありますね。

　ですから、仮説の答えを出しておくのもいいけれど、常識的なものだったら、むしろ、ある程度、検証作業が進むまでは答えは出さないように努めるべき場合もあるのです。

　第一、論文というのも、小説と同じで、本当に自分と真剣勝負しようとすると、最初、思っていたのとは違う方向に進んでいって、予想とは反対の答えが出てしまうということだってあるのです。

　では次回の講義は、みなさんの課題を見るところから始めましょう。

第三回講義　資料の集め方

〈宿題タイム〉

鹿島　では、第二回の講義の最後に出した宿題を見せて下さい。論文になりそうな「問い」を考えてくるというものでしたね。

学生Aさんの問い。「なぜ日本の服装は平安時代以降、宝飾品・アクセサリーをつけなくなったのか」

鹿島　これは面白い問いですね。

Aさんの問いの続き。「西洋でも東洋でも、他国の史料や絵画を見ると、高貴な人物は男女ともに宝飾品をたくさんつけていることが多い。日本では弥生・飛鳥時代の出土品にはネックレスや腕輪などがたくさんあるのに、平安時代以降の装束にはそのようなものが殆どない（江戸時代に女性が髪を結うようになって簪をつけたくらい）。人間でないもの、例えば観音仏像などは、どの時代に造られたものでも、たくさんのアクセサリーをつけており、日本人がアクセサリーの存在を知らなかったはずもないのに、なぜ明治になるまで日本では宝飾品が発達しなかったのだろうか？」

鹿島　なかなかグッド・クエスチョンですね。ただし、もうちょっと時代を厳密に区分して調べる必要があると思います。「平安時代以降」というのは、タイム・スパンとしてはあまりにも大きくて漠然としすぎます。たぶん調べていくと、鎌倉仏教や儒教の影響という要素が出てくるでしょうから、もう少し細かい時代区分が必要になるでしょう。

アクセサリーと中国経由の仏教の関係をたどっていく場合、日本が中国美術の影響を脱するのはどの時代かという疑問に突き当たると思います。日本的なものが文化の前面に出るのは、いつかということでもあります。

ところで、こうした問題を取り上げるときに、調べやすいものと調べにくいものがあるのです。

あるものがいつ生まれたか、ということは調べやすいんです。新しいものが出現すると、かならずそれを書き留める人がいる。これは記録を調べれば分かる。ところがいつからなくなったか、というのは調べにくいんですね。なくなろうとするものに対しては、だれも注意を向けないからです。

したがって、国風文化の登場というのは調べやすいけれど、果たして、アクセサリーがなくなったのは、それとときを同じくしているかどうかという段になると、疑問が出てくる。国風文化登場の前に、アクセサリーが消えているかもしれないからです。

ところで、これはグッド・クエスチョンではあるけれども、問いを立てたなら、それに対してある程度の仮説を用意していなければいけない。仮説ゼロでは、議論の前提となる資料調べのときに時間がかかります。ある程度の仮説的な答えを、何か考えていますか？

学生A　考えていません。

鹿島　考えてない？　そうですか。僕が仮説的な答えを考えるんでしたら、国風文化もさることながら、武家文化の影響が大きいと思いますね。武家の美学の登場というのは、重要な要素です。これは日本美術のすべてに言えますね。

武士の文化というものが成り立ったのは、じつは世界でも日本くらいなんです。社会の構造としては、王様がいて、貴族がいて、その下に武人がいるでしょう。この武人が権力者になって、自分たちの美学を上の階級にまで押し付けたという文化は、世界をさがしてもそうはないんです。

たとえば中国と韓国を見てみましょう。常に文人支配の国なんですね。では、ヨーロッパはどうかというと、たしかに封建貴族というのは存在しました。しかし、封建貴族が王様や、さらにその上にあるローマ法王に対して、独自の文化を主張したということはないんです。だから、日本の武人文化は世界を探しても珍しいもので、今日、日本的と呼ばれるものの多くはこれに由来しているのですね。

だから、この問いについては、そのあたりのことを仮説的に入れておいて、その仮説を検証していくというかたちで作業を進めるといいのではないでしょうか？

学生Bさんの問い。「なぜ葬式や墓では死者に花を供えるのか」

鹿島　花と死者の関係ということですね。これも重要なテーマだと思います。

Bさんの問いの続き。「古今東西、人が死んだのを弔うとき、花があるところでは、殆ど必ず花を供えているように見える。墓の形式は違っても、墓前に花を供えることについては共通しているようである。人は本能的に遺体を見ると花を供えたくなるのだろうか？」

鹿島　グッド・クエスチョンではあるけれども、もう一回考えなおしてみるべきは、世界の葬式には色々あるということです。風葬とか水葬とかいうものもある。さらには鳥葬とかもある。

いっぱんに、人が葬式を出すということは、死体が人間の生存圏に入り込まないようにすることを意味しています。どこの国でも人間は死を嫌うものです。そのとき、死の臭いを自分たちから遠ざけるようにしなければならない。そのときに、土葬ならば、匂いを防ぐということで、花を供える風習はあるでしょうが、同じ習慣が水葬文化圏にあるかどうか？　風葬とか鳥葬とかにもあるでしょうか？

したがって、この問いは、あくまで土葬に限って立てられるということですね。土葬で死体を埋めて、その上に花を供えるということでしょう。

ここで花の種類ということを考えてみると、面白いかもしれない。日本では葬式の花は菊でしょう。でも日本だけではなくて、ヨーロッパでも菊が葬式の花になったんです。『上等舶来・ふらんすモノ語り』にも書きましたが、ヨーロッパには十一月一日の万聖節というのがあります。すべての聖人を一緒にまとめてお祝いすると同時にご先祖の供養をする日です。この日には、みんな墓地に出かけて菊の花を捧げる。ところで、この菊（クリザンテーム）というのは東洋から輸入されたんですね。

フランス革命の一七八九年、マルセイユと東洋を結ぶフランス船の船長だったピエール＝ルイ・ブランカールという人が中国から三株の菊をもたらしたのが最初とされています。

十九世紀の中頃から、プロヴァンス地方で盛んに栽培されるようになったのですが、十九世紀の後半から二十世紀の文学をあたってみると、やはり離別や死別の歌に菊の花が登場することが多いのです。

もちろん季節的にちょうど合ったということもあるのだけれど、もう一つ、葬式や墓に使われるというのは、菊には強い匂いと同時に、殺菌性とか薬効とか、そういうものがあるからだと思います。除虫菊とかもあるでしょう。

葬式をする場合には、死臭や腐敗との戦いといった根本的な問題があったのではないでしょうか。それに対処するための、花の匂いを活用する文化が、生まれてきたのでしょう。だから、この問いは、たんに葬式に花を添えるということではなく、どんな花を添えるのかをしっかりと調べて、それが悪臭や腐敗を防ぐための実際的な目的なのか、それともその民族に特有の美学的理由があるのか、そこのところを考えた方がいいと思いますね。

学生Cさんの問い。「なぜ中国の陶磁器には『わび・さび』がないか？　古来中国の陶磁器は常に世界の主流であり、周辺諸国はその模倣から出発し、常に後進であったように見える。だが韓国にも日本にもベトナムにも『わざとデフォルメした面白み』『ヘタウマ』という価値体系がありそれを追求する作品の流れがあるのに、中国にはそれがない。技術の問題だけではないように見える。中国にはデフォルメのセンスがなかったのか？」

鹿島　これは大変な問いですよ。大きすぎるというか、単に陶磁器に限らず、文化全体にかかわる問題設定です。

中国には何事についても、わび・さびって文化はないんです。故宮博物館に行って、案内人がどういう説明をするかを聞いているとよく分かる。たいてい、いかに複雑に作ってあるかということを力説するんです。中国では、細工が凝らされていて、技術が高度であるということが価値の基準になっているんです。単純、簡素の美学というのはないんですね、中国には。

学生C　でも書道とか、あと文人画などには、デフォルメとか崩しとかがありますよね。わび・さびとは少し違いますけれども。

鹿島　そうですね。しかし、それは中国の文化からいったら例外的なものではないでしょうか。しかし、その場合には、文人画などの例外がなぜ生まれたかということを考えてみる必要があります。文人画はやっぱり禅宗の影響を受けているでしょうね。

禅宗というのは、インド仏教の流れが中国に入ったときに変化して禅宗になったんですが、中国で禅宗が流行したのはほんの一時期にすぎない。ところが、日本に入ってくると、日本人のメンタリティーにぴったり合って、日本文化全体に大きな影響を与えるほどのものになった。ところが、本家の中国では完全になくなってしまった。そうすると、確かに禅宗は中国のものだけれど、中国の本質とはちょっと違う、例外的なものではないか。

例外と普遍というのはけっこう難しい問題です。あるものの本質を抽出しようというときに、必ず例外というのがある。どんな場合でもね。で、その例外を初めから全く無視してしまうと、論文としては弱いものになる。だから、例外を除去するときには、その例外がどういう形で例外なのかということを説明しておかないといけない。これを注意深くやらないと、例外のために足をすくわれてしまうことになりかねません。

わび・さびのことに話をもどしますと、わび・さびは日本特有だという論を立てたいときには、逆に、わび・さびという概念は他の文化では生まれないのか、という形で問題を設定してみることも必要になります。実際、他の文化を調べてみると、わび・さび的なものが絶対にないとは言えない。

ヨーロッパを見ると、古典主義というのがありますね。これは確かに均整と幾何学に基づく美学だけど、わび・さびとは違う。わび・さび的なものは古典主義から生まれるものではなくて、不思議なことにバロックが行き着いたところに生まれるものなのです。バロックが極まってしまったときに、次の新しい流行を作るとしたら、バロックを全否定する論理を考え出さないといけない。お前のやっていることは、すごくカネがかかっていて豪華だけれど、それはつまらないよ、と言える論理。そのときに、貧乏のほうがかっこいい、何もないほうがいい、という考え方として、わび・さび的なものは生まれ得るわけです。

いちばん分かりやすいのは僧院の美学ですね。跣足カルメル会の修道服とか、あれだってわびだと言えないこともない。また、跣足カルメル会の修道服それ自体はわび・さびではないにしても、それに憧れる心、たとえば、ユイスマンスの『さかしま』の主人公デ・ゼサントが倒錯の末に行き着いた美学なんてのは、まあ、わび・さびに近いものがある。

日本のわび・さびも、やはり禅宗系の単純さ、素朴さの価値観からきているところがある。

キリスト教の修道院の質素もそれとよく似ている。両者を比較した場合、絶対に日本が独自だとは言えないでしょう。ですから、それを比較する場合は、外面的なものではなくて、骨格で比較することが大切になりますね。

問いにもどりますと、この問いのいけないところは、わび・さびという広い概念と、陶磁器という狭い概念をくっつけてしまうというところです。これはちょっと問いとしてはまずいですね。わび・さびを出すのであれば、陶磁器のような狭いジャンルと結びつけないで、他の展開にしたほうがいいです。

次の問い。「なぜ英語のブルー・フィルムは、日本ではピンク映画なのか?」

鹿島　この問いが面白いのは、色彩と文化のメンタリティーの関連を考えたところにあります。ただ、この問題は一筋縄ではいかないんですね。

たとえば、ヨーロッパで一番いけないとされていたのはブルーではなくて、黄色なんですね。なぜ黄色がいけないかというと、黄色は中世においても、また二十世紀のホロコーストにおいてもユダヤ人を象徴する色だったのです。だからコム・デ・ギャルソンが黄色の横縞の服をショーに出したとき非難の声が上がったのは、あの縞々それ自体ではなく、素地に黄色を入れた点にあるのです。黄色というのは、悪いニュアンスで捉えられていた時代が長かったんです。

だから、ブルー・フィルムのブルーそれ自体が否定的なニュアンスなのか、それともエロティックなニュアンスだけなのか、そのところは語源を調べてみる必要がある。案外、ブルー・フィルムは、アンダーグラウンドの撮影なので写り具合が悪くて、ブルーだったという可能性もある。

いっぽう、日本のピンクは、ある程度、私がその発生を知っています。日本にピンク映画というのが生まれたのは一九六三、四年くらいです。これははっきりしている。なぜかというと、これは大蔵貢という人が新東宝を潰したあと、その新東宝時代のお色気映画の路線を引き継いで大蔵映画という会社を設立したんですが、そこで製作された小予算の同趣向の映画を総称して、ピンク映画と呼んだんです。その前は、たんに「エロ映画」と呼ばれていました。

では、それ以前にピンクという言葉にエロっぽいニュアンスがなかったかというと、そんなことはない。たとえば、僕が小学生の頃（一九六一年の頃）、日本テレビの深夜枠で「ピンク・ムード・ショー」というのをやっていました。僕らは、「ムード」という言葉を知らなかったから、これを「ピンク・ヌード・ショー」と呼んでいましたね。「ヌード」のほうは知っていたんですね。しかし、いま思い出してみると、「ピンク」のほうもエロティックなニュアンスを持っていたことは確かです。なぜなら、その名前を聞いて、すぐにスケベそうな番組だと感じたからです。当時から「桃色遊戯」という言葉はありました。それあたりから連想したのだと思います。
まあ、いつから、ピンクとか桃色がエロティックな意味を持つようになったかについては、昭和、いや大正まで溯ってしらべなければならない。ただ、これはぼくの予想にすぎないのだけれども、桃色が日本でエロティックなニュアンスを持ったのは、色ではなくて、「桃」のほうからの連想ではないでしょうか。桃は古来女性のお尻とか生殖器とかをイメージさせるものですから。だからピンク映画のピンクは桃色からきているけれど、桃色がエロティックなニュアンスを持つようになったのは色彩ではなく、桃のほうではないでしょうか。

学生D　桃太郎とか……。

鹿島　その通り、桃太郎も、じつはエロティックなニュアンスなんですね。もちろん。だからここは色彩から攻めるよりも、言葉から攻めたほうがいいかもしれない。

言葉から攻めるといったら、さっきの黄色も、「イエロー・ペーパー」という言葉がありますが、この起源はユダヤとかそういうのとは関係がない。ハーストがニューヨークで作った新聞の絵入りの日曜版の表紙に、黄色い服を来たイエロー・キッドという漫画が載っていて、これが人気を呼んだ。すると、ライバル紙も似たような黄色い服の子供の漫画を載せた。そこから、イエロー・ペーパーという言葉が生まれたんです。

問いに戻ると、まず、しっかりと語源を調べ、その後で、「ブルー」にはほかに否定的なニュアンスの使い方があるかを調査する必要がある。それがなかったら、エロティックを巡る英語と日本語の違いという問題は成り立たないわけです。とはいえ、文化による色彩とニュアンスの問題自体は面白い問いになると思いますよ。

次の問い。「日本の男はいつから、泣くのは男らしくない、男は泣いてはいけないということになったか？　古典の世界では男の主人公がよく泣いているが、現代の生活では、男が泣くのはカッコ悪いということになっている。いつから男は泣いてはいけなくなったのか」

鹿島　この問いも問題がありますね。まず「日本の男は」、と問題をたてる前に、男は泣いてはいけないというのが、日本だけか、ということを確認しなければならない。前段階調査として、たとえばヨーロッパや中国文化圏ではどうか、ということを確認して、それで日本がもし特殊だったら「日本の男は」ということで問いが立てられることになる。

ヨーロッパで涙の社会史というのをやった人がいて、その人によると、やっぱりヨーロッパでも、封建時代には男は涙を見せないというのが美徳ということになっていた。ところがあるときから、男はわんわん泣くのがいい、涙を見せれば見せるほど感受性が強いということになった。これはルソーの時代ですね。ルソーは自分が泣き虫だったから、自分を合理化したところもあるかもしれない。泣き虫をプラスの価値にしてしまおうという魂胆があったんでしょう。

泣いている人間の方が感受性が強くていいんだ、と百八十度価値観を転倒してしまった。この意味では、ルソーというのはたいした奴です。おかげで、その時代の男はみんな、えんえん泣くようになった。それがもう少し経つと、また価値観が引っくり返って、再びストイシズムの方がいいという時代になる。

だから、この問いは、「日本」という区切りではなくて、時代ごとに特殊なものだとした方がいいですね。たとえば江戸時代はどうなのか。近松の浄瑠璃なんかを見ると、男が泣くというのはけっこうありますね。

学生E　泣いていますね。

鹿島　泣いているでしょう。派手に。だから「男は泣くな」は、たぶん明治時代の軍国的ストイシズムの影響が大きいと思いますね。あるいは武士文化。たとえば武士は泣いてはいけないけれど、町人は派手に泣いてもいい、というようなことがある。

ここには歴史的な問題もあるし、社会的な問題もあるし、文化的な問題もある。だから、一般論として成り立たない。このままでは論文の問いにはならないので、もう少し、時代区分を明確にしてから問題を立てたほうがいいでしょうね。

次の問い。「なぜ日本では汁物を飲むのに、近年までスプーンを使わなかったのか？」

鹿島　これはグッド・クエスチョンですね。

学生F　「韓国・中国・西洋など、汁物を飲むのにスプーンを使う地域は多いけれど、日本では江戸時代までスプーンを使っていなかったのではないだろうか（その他にもスプーンを使わない地域があるだろうか）。

日本にもスプーンを作る素材はいくらでもあるし、遣唐使や、朝鮮からの文化流入で匙の存在は知っていたし、現に医者は使っていた（匙加減、匙を投げるなどの表現もある）。

汁物を食べるのにスプーンを使わないと、器を口まで持ち上げるか、犬食いする（口を器に近づける）必要がある。

正式のマナーでは器を口まで持ち上げるが、では汁物をどんな器に入れてきたのだろうか。持ち上げるのが容易な、軽くて断熱性に富んだ器が、その名もジャパンと言われる漆器となった。

それに比べてスプーンを使う地域で汁物を入れる器は金属（熱伝導がよすぎる）や、陶磁器やガラス（厚いと重たく、薄いと熱伝導がよすぎる）である。日本では漆器が普及していたのでスプーンを使わなかったのではないか（反論として、スプーンが日本で廃れたという鎌倉時代に、汁物椀に変化があったのか、この時代の漆器の普及などについては不明）。

大きなレベルでの反論としては、木をくりぬいただけのお椀で汁物を飲むのであれば、スプーンなしでOKでは？　ということがある。日本以外の国々では、実用よりもファッショナブルな虚栄の体現としてのスプーンがあるが（ウチはスプーンという上品なものを使うステイタスある家族であるという）、支配層から庶民にまでだんだん広がったのか？　同じ理由でも日本では普及しなかったということか？

百科事典では

（1）日本でも宮廷では中国流に箸と匙がセットだったが、鎌倉時代になると匙は忘れられ箸がもっぱら用いられるようになった。

（2）ギリシャ・ローマ時代には、貴族の宴会では、汁気の多い料理は、食器から直接口にしたり、パンを浸して食べたのでスプーンは必要とされなかった。

（3）中世ヨーロッパでは、スープを入れた容器とスプーンをまわして交代で食べたが、やがて旅行や宴会の際には、自分用のスプーンを持ち歩くようになった。スプーンが一般に普及するのは、地域によって差があるが、十七世紀中頃である。

（4）高価な素材のスプーンは財産であった。

（5）スプーンの形は、スープボウルの形とともに変化してきた。ボウルがいちじく型から広い楕円形になると、スプーンも平たくて大きなものになった。

などの史料があり、なぜ鎌倉時代に、日本では汁物にスプーンを使わなくなったか？　という新たな問いが発生した」

鹿島　ずいぶん考えたり迷ったりしているようですが、まずスプーンのことであれば、それを使って、どういう料理を食べるのか、ということから考えるべきでしょうね。

スプーンはおもに汁物を食べるときに使うけれど、そのときに重要なのは、汁の温度ですね。いまの日本料理は、熱いものはうんと熱いのがいいということになっている。みそ汁でも鍋物でも熱いところを出しますけれど、こんなに熱いものをそのまま口に入れる文化は、他にあまりないかもしれない。ヨーロッパでは、温かいスープ、温かい料理といっても、日本に比べたら熱くない。中国でもそうじゃないですか。日本みたいな汁物の食べ方はしない。日本のみそ汁なんか、西洋人は熱くて飲めませんね。「はい、みそ汁」と出されてガーッとのんだら火傷しちゃう。

国のちがいだけでなく、熱いのがいい文化と、ぬるいほうがいい文化の違いというのはありますね。だいたい宮廷料理から発生した文化はぬるいんです。フランス料理は宮廷料理から生まれている。中国料理の北京料理もそう。王様の料理は必ずぬるいです。日本でも京都系の料理はぬるい。なぜかというと、王様や天皇様が食べる前に、毒味係が何人も間に入るからです。そうすると自動的にぬるくなってしまう。王様の料理は猫舌系なんですね。

それに対して熱い料理というのは、できたてを賞味するという原則がある。かつては殺菌の意味も大きかったと思う。やはり火に通して熱くするという、腐敗との戦いの面も大きいんじゃないかな。つまり熱い文化とぬるい文化というのも、腐敗や殺菌への対処という下部構造的な要因と、宮廷料理という文化的・上部構造的な要因というのを両方からめて見ていかないとなりませんね。スプーンについての問いで、まずは料理に焦点をあてて考えてみると、以上のような要因が考えられます。第一章の視点になるかな。

それから陶磁器と木製の食器、あと金属という、食器の素材を要因にして第二章ができるでしょう。

第三章は時代の変化という角度で見ていくことになりますね。「鎌倉時代にスプーンを使わなくなったのはなぜか」という問いが出てきたでしょう。何度も言っているように、平安後期から鎌倉にかけて、日本文化が大きく転換したのですね。日本的なものが生まれるのは、この辺りが源になっていることが多いんです。はじめのアクセサリーの問いのところでも言ったように、武家が社会の主流になったことですね。これはけっこう重要なことで、衣でも食でも、すべての文化について、ここらあたりが日本文化のターニング・ポイントになっていると思います。

たとえば長い時間をかけて料理するなんていうのは、武家文化だとちょっとあり得ないでしょう。いつでも実戦に役立つように心構えしていて、いざとなったらすぐに戦場に出なければならないのだから。熱くても我慢して食べるというやせ我慢文化が出てきたのかもしれない。セックスというような面でも、短い時間にさっとすませる方がいいというのが出てきた可能性がありますね。いつ敵に襲われるかしれないということがあるし。

先ほども言ったように、日本の武家文化というのは独特なのです。世界に類があまりない。ところが同じ武家文化でも、何度か揺り戻しがある。信長・秀吉の安土・桃山の派手派手文化というのがそれです。それから徳川の爛熟期。ただしこれは町人文化が中心に注目されるから、武家文化とは言えない。しかも徳川の時代を考えるのに必ず視野に入れておかなければならないのは、中央と周辺の差です。江戸では武家的要素が徐々に失われていくのに対して、長州藩だとか、薩摩藩だとか、周辺であればあるほど武家的なものが残る。そして、それが明治になってリバイバルする。そのあたりも考慮に入れないといけませんね。

このように、武家文化で問いを立てると、アクセサリーにしろ、スプーンにしろ、それぞれの入口は狭くてもその奥の広がりが大きい。だから、こうしたものは問いとしては良いわけです。ただしあまり広がると収拾がつかなくなって、逆に困ってしまうことになります。だから、問いかけが広がっていっても、最後にその問いのところに答えが返ってくるように、問いの範囲をコントロールしていくことが必要になるでしょうね。

〈資料を集める　どこで参考文献を探すか〉

さてここからは、論文を書き始める前にやっておかなければならない資料収集について話します。

前回、まず「問い」を立て、その問いが問いとして提起するに値するものかどうかを検証する必要があると言いました。また次は、この問いを以前に立てた人がいないか、また、いた場合には、確定的な答えが出されているか否かを確認しなければならないとも言いました。もしかしたら、他の人がとっくに問いを立て、解決済みなのかも知れないからです。

また、運よく、未問の問いであることが確かめられた場合には、論文の基礎になる文献がなにかを知ることが必要です。

こうしたことすべてのために資料を集める必要がある。

これが、まことに時間と手間がかかるわけです。

大学の論文指導で、資料を探してきなさいと言うと、たいていの学生は、とりあえず新刊本屋に行って、ジャンルのコーナーを見る。そして、何種類か関係ありそうな本があれば買ってくる、なければ、ありませんでしたと平気で手ぶらで戻ってくる。

いまの学生たちは、日ごろ本というものを買った経験がないから、新刊本というものは、発行されてから三カ月ほどしか店頭に置かれないという事情を知らないのですね。新刊本屋には委託制度というものがあって、一〇五日以内なら返本してもかまわないことになっています。しかも、いまは不景気のうえ出版ラッシュで出版される点数だけがものすごく多くなっているから、店頭に並べておく空間もないし時間もない。ですから、本屋さんは売れない本だと一〇五日なんて待っていないで、二、三週間店頭に並べるとすぐに取次に返本してしまいます。日本の書籍の多くは月刊誌とほぼ同じか、それ以下の期間しか店頭にないんですね。この厳然たる事実を嚙んでふくめるように教えなければならない。

それでも、最近はインターネット検索でアマゾンその他のネット書店で本が買えるようにはなりましたが、何年か前に出た本は、数週間待たなければ手元に届かないなんてケースはざらですし、出版元で在庫切れになっていれば、もう手に入らない。出版社はしばらくは在庫として保管しておきますが、さらに時間がたつと、在庫には税金がかかるということで、断裁してしまいます。そして、よほどのことがない限り再刊はしない。

昔は、新刊本の書店で見つからない本は、古書店に行けば発見できたけれども、今は新刊のサイクルが変わってしまったために、新刊としては手に入らないが、古書店に回るほど古くはないという本がものすごく増えてきたわけです。数年前に出た本というのが一番、見つけにくくなっている。

絶版になった本をコンピューターに入れておいて、要望によって印刷してくれるオン・デマンド書店というものも出てきましたが、まだ試行段階で、版元に頼めば欲しい本がすぐ手に入るなどという状況にはなっていません。

しかし、逆に、十年以上昔に出た本なら、いまは古書店で、ホーム・ページを充実させ、在庫をしっかり管理しているところが増えていますから、欲しい本はかなりの確率で手に入れることができるようになっています。専門の古書店主のなかには、そんじょそこらの研究者などよりもはるかに文献に精通している人もいますから、こうした人と知り合いになっておくと、研究にとても役にたちます。古書店は地方の店でも郵便で送ってくれるのでとてもありがたい。

ただ、古書店で手に入れるには、多少、時間がかかることを覚悟しなければなりません。そこで、いますぐ欲しいといって、おいそれと見つかるものではない。こんなときには、結局、図書館に頼ることになるわけですけれども、いまの学生は、図書館にも色々な種類があることも知らないんですね。

大学の図書館と地域の公立図書館に行って本が見つからないと簡単にあきらめてしまう。県や市の中央図書館や国立国会図書館に行くということを知らない。さらにはジャンル別の専門的な図書館が存在するという事実も頭にはいっていないんです。

自分のテーマの本を調べるには、この中のどの専門図書館に行けば一番よいかを検討することが必要なんですが、それすら見当がつかない。

それでも、いまはインターネット検索で、これこれの本はどこの図書館にあるか一発でわかるようなシステムになってきていますから、前よりはだいぶよくなりましたが、インターネット検索にもいろいろと欠陥はあります。

たとえば、自分が探している本の著者名やタイトルがはっきりと分かっている場合にはまだいいのですが、漠然としたテーマで探すとなると、図書館の方でちゃんとしたテーマ・キーを入力していないことが多いから、これはという本がなかなか浮上してこないのです。とくに、論文集のように、複数の論文を収録したものだと、まずネット検索では出てこないですね。パソコンで検索するのには自ずから限度があるということです。

となると、書庫が開架式になっている図書館に籠もって一冊一冊手にとって内容を検討するしかありません。でも、本当はこれが一番いいんです。表題に表れていないテーマや、意外な題材が扱われていることがある。学術書で優れた本なら、しっかりした目次と索引があるから、それを見ていけば、自分の探しているテーマにたどりつくことができる。また、そうしたきちんとした学術書には、参考文献一覧がついているので、そこから資料をたどっていくことも可能です。インターネット検索も、目次や索引までたどることができるものなら、たいした威力を発揮するかもしれないけれど、図書館などではそんなことは絶対にしないので、これはいまでも手作業に頼るしかないわけです。

それから、問題なのは、学生たちが自分の探している資料は必ずしも本という形にはなっていないという事実を知らないことですね。たとえば、大学の紀要というものの存在を認識していない。紀要という言葉の意味さえも知らない。いわんや、どこに行けば、自分の必要とする論文が載った紀要を読むことができるかなどということなどわかるわけがない。

それでも、それぞれの学問分野の学会がちゃんと確立しているところなら、その学会の書庫に所属会員の書いた紀要は保存されているはずですが、学会というところはかならずお金がないと決まっているので、集まってきた論文をテーマ別とか時代別とかのかたちで探しやすいように整理してくれてはいないのです。また学会によっては、会員になっていない人の論文は受け取らないところもありますし、大学の紀要だと学会に収められていないケースもいくらでもあります。

こうしたお寒い書誌学的現実は、日本の学術行政のいい加減さを暴露しています。文部科学省は大学教員の業績にはいちいちうるさいことを言って、紀要論文何点とか、学会発表論文何点などと調査してくるくせに、肝心の紀要論文や学術雑誌を一堂に集めて集中管理し、後世の研究者の便宜をはかるなどということに関心はもっていません。当然、紀要論文や学術雑誌を集めた施設などは絶対につくろうとはしません。

日本では、紀要論文などは、とにかく書いたという実績だけが大切で、書かれた内容などはどうでもいいのです。いかにも不思議なことですが、紀要は、読まれないことを前提にして発行され続けているのです。

ですから、あるテーマについて論文を準備しても、すでにだれかが紀要論文でなにか書いているか否かということを網羅的に調べることはきわめて困難です。

しかし、たとえ、困難であっても、前回の冒頭でも言いましたように論文というのは、思想上の特許申請に等しいものですから、先行特許がないかどうかを調べてから、問題を立てなければならないというルールがあります。ゆえに、論文を書こうとする人は、自分の力の及ぶ限りでいいですから、参考文献を検索する努力をしてください。

これからはインターネットがますます普及するでしょうが、最後に頼りになるのは自分の手足と目だけだということを理解しておくことが必要です。

この、自分で資料を探すということは面倒ですし、体力、気力が必要です。ですから、その資料集めの労苦自体が楽しいと感じられる人でないと、本格的な研究者にはなれないですね。

〈テーマをしぼる〉

資料を集めるとき、テーマが限定的なものであれば、自分に本当に必要なものを選りすぐることは意外と簡単です。

ところが漠然としたテーマだと、そのテーマに関係するものはすべて揃えなければならないのでたいへんです。「香水について」とか「昭和文学について」なんて言ったら、参考文献は本当に膨大な量になってしまう。読むだけで何年もかかるでしょう。

だから五、六十枚から百枚の卒業論文や二、三百枚の修士論文、博士課程論文などの場合には、初めからテーマの範囲を相当にしぼりこまなければなりません。テーマの範囲がしぼりこまれていて、問題がはっきりとしていればいるだけ、論文は書きやすいと言えます。とくに卒論や修士論文では、このしぼりこみということをやらないと、焦点がぼやけて、いい論文にはならないことが多い。

ただ、テーマをしぼるとは言っても、色々な可能性を考えて、最初のうちは、参考文献も色々なものを揃えて、できる限り幅広く読んでみることも、いっぽうでは大切なことなのです。

これはウンベルト・エーコが『論文作法』(而立書房)という本の中で言っていることですけれども、自分と同じテーマについて書かれた過去の論文にあたるとき、優れた論文だけでなくて、試しにつまらないことを言っている論文も読んでみる。すると、意外なヒントが見つかることがある。つまらない論文の中に「おっ」と思うような、自分の仮説作業に非常に重要なものが入っていることがあるというのです。

エーコは、百年前に何とかいう神父の書いた本をたまたま古書店の安売りコーナーで見つけました。つまらぬことが書いてあるだけの本だなと思いながらも読んでいたら、その中のたった十行に、ものすごく重要なことが触れられていて、それが論文を書くときの支えとなったと書いています。ですから、つまらない論文だと切り捨てる前に、少しでも読んでみる、あるいはそれができないときには、目次や索引で自分の探しているテーマがないかを確認する必要がありますね。

また、つまらない論文をいくつか読むということの別の効用もあります。よく、会議などで、最初は発言する気持ちなどなかったのに、ほかの人があまりに馬鹿なことを言っているのに腹を立て、「そうじゃない」と発言してしまうことがありますね。これと同じで、つまらない論文を読んでいるうちに、「おいおい、それは違うだろう」という気持ちが高まってきて、逆に、自分の考えがすっきりとまとまることがあります。つまり、否定のエネルギーを養うために、つまらない論文を読むことも必要なのです。似たような意味で手元にそろえる論文として一番いいのは、なかなかおもしろい問題設定をしていながら、たいした答えを出していない論文ですね。これだと、後述のように弁証法的構成の論文を書くときに、とても役立ちます。答えの部分を否定して、自分の考えを展開すればいいのですから。

〈一次資料と二次資料〉

さてそれやこれやで一応参考文献がそろったとします。そのときに注意すべきことは、その参考文献が一次資料か二次資料かを区別することです。

一次資料というのは、人物や社会事象に関する、同時代に書かれて残されている資料のことです。文学研究なら、その作家の残した作品や日記、書簡、家族や友人の証言。および、その時代に発行されていた新聞・雑誌などです。歴史研究なら、同時代の資料で残されているものならば、公文書、私文書を問わず、すべて一次資料となります。

いっぽう、二次資料というのは、こうした一次資料を用いて、後の世に行われた研究を指します。

学生たちが、書店や普通の図書館などで集められる資料というのは、このうち二次資料であることが圧倒的に多い。文学研究はそれでも、作家のオリジナル・テクストを手に入れることができるけれど、歴史の場合はたいていが二次資料です。

ところで、他人の著作である二次資料だけに頼るということは、非常に危険になります。というのも、二次資料というのは、一次資料を読み込んだ研究者が、その人の主観を交えて分類・整理・抜粋したものから議論を組み立てているから、どんなに公正を装っても、かならず、バイアスがかかっているからです。

文学の場合でも、きちんとした学術論文のときは、よりオリジナルなテクストに当たる必要が出てきます。本というのは、雑誌に最初に掲載されたものが、本になり、その後何度も版を重ねているうちに誤植が生まれたり、あるいは著者の訂正が入ったりで、オリジナルなテクストとは変わってきてしまうことがあるからです。したがって一番いいのは原稿までさかのぼって、これをテクストとすることですが、卒論などでは、そこまでできないから、最も信頼のある版、いわゆる定本というのを選んだほうがいいですね。

以上のことから、文学研究にしても歴史研究にしても、本格的な論文や本を書こうとしたら、ぜったいに一次資料に当たらなければならないということになります。二次資料だけで議論を進めようとしても、それは無理です。

ここでもう一つの問題が起こってきます。言葉の問題です。

まず、日本ではなく、外国のことを研究しようという場合、文学にしろ歴史にしろ社会にしろ、そこには言葉の壁がすぐ立ちふさがるということです。すくなくとも、研究対象とする国の言葉はほぼ完璧に理解できなければならない。フランスのことを研究しようと思ったらフランス語、ロシアのことだったらロシア語ということになります。フランス語ができないのに、フランスについての論文を書こうとしても、それは無理な話です。そのほかに、国際公用語になっている英語も最低限はできなければ、国際会議で議論したり、インターネットで文献を探すのに不自由を感じるでしょう。

これらは、外国のことを研究する場合は必要最低限の条件です。

しかし、こういうと、日本は翻訳天国で、あらゆる翻訳文献はそろっているのだから、それを使えばある程度のことは可能だという人がいます。とんでもない間違いです。そういう人は翻訳というものを信じすぎています。翻訳というのは、どんなに完璧な訳者でもかならず誤訳をしますし、訳語にも訳文にも訳者のバイアスがかかっていますから、原文とは別のものだと考えておいたほうがいいのです。私自身も翻訳を相当やっているので、よくわかるのですが、翻訳者自身だって、百パーセント正確に訳したという自信は絶対にありません。ですから、きちんとした論文を書くときには、原書に当たることは必要不可欠になります。

日本語でも、明治以前のものについては同じことが言えます。現代語訳を使おうとしても、外国語の翻訳と同じで、バイアスがかかっている。いや、その前からバイアスがかかっていることさえあります。『古事記』がそうです。われわれが知っている『古事記』というのは、あれは本居宣長が『古事記伝』として書き直したものなわけです。だから、それをテクストにして何かを論じても、もともと宣長の解釈が入っているわけですから、真正なテクストとは言えないのです。他の古典もみなそうです。

というわけで、資料を集めると一言でいっても、その資料の本当の価値を吟味していくと、本当に価値のある資料というのは案外少ないということに気づくはずです。資料というのは、あり過ぎるように思えて、常に足りなすぎるのです。二次資料はいくらでもあっても、一次資料は一番ほしいところがないというのがたいていの研究分野の実情でしょう。

しかし、一次資料に拠るのが原則としても、厳密主義を貫いていったら、学部の学生などは結局、なに一つ論文を書けずに終わってしまいます。

このことは、資料探索や資料吟味に時間のかかるようなテーマを選んではいけないということを意味しています。つまり、学部学生は、自分で読める一次資料を容易に入手できるようなテーマを選ぶべきだということです。フランスの国立図書館に行かなければ調べられないような作家や歴史事象について、日本にいたまま論文を書こうとしても、それは無理な話なのです。

こう考えると、いかに人がまだ手掛けたことのないテーマを選ぶべきだと言っても、そこにはおのずから限界があるから、問題を立てるときには慎重にならなければいけないということが分かります。論文を書こうというときには、これらの展望まで考慮に入れておかないと、後で大変なことになってしまいます。

〈コーパス（資料体）について〉

資料を集めるときにもう一つ把握しておかなければならないことがあります。それはコーパス corpus（資料体）の問題です。

よく、コーパスの大小などと言いますけれども、これは自分が研究の対象にしようとしている資料が、総体でどのくらいあるのかということです。自分がテーマとして扱うものの資料となりうる範囲、総量ということです。

例えば、学生がロートレアモンについて論文を書こうとしたとします。このロートレアモンという人は、本名をイジドール・デュカスといって、十九世紀後半のフランスの詩人です。生きているときはまったく評価されずに、『マルドロールの歌』という残酷趣味の散文詩と、『ポエジー』という詩論を発表しただけで、二十三歳の若さで死んでしまいますが、二十世紀になるとシュルレアリストたちに発見され、いまでは、ランボーと並ぶ夭折の天才として、世界中に研究者がいます。ところで、このロートレアモンのコーパスは、二つの作品と、友人にあてた書簡がいくつか残されているだけです。したがって、ロートレアモンの場合、研究の対象とすべき資料の総体、つまりコーパスはすごく小さいわけです。そのせいか、わたしたちが学生だったころは、ロートレアモンを卒論に選ぶ人が少なくありませんでした。

反対にバルザックをテーマにするとなったら、バルザックの作品は山のようにありますから、コーパスもものすごく大きいことになる。これに恐れをなしたのか、同級生でバルザックの研究者となった人はほとんどいませんでした。

ただ、コーパスというのは、自分がどんなテーマを選ぶかによって、大きくもなるし小さくもなるということを忘れてはいけません。バルザックのコーパスは巨大でも、バルザックの具体的な作品のコーパスはそれほどには大きくないというように、選んだテーマによって自動的にコーパスは規定されるのです。

したがって、テーマが漠然としているとコーパスも莫大になってしまいますから、この点は注意しなければなりません。とくに、卒業論文などのような場合には、テーマを明確にしぼることで、コーパスの範囲をせばめることが重要です。

〈コレクションについて〉

ところで、専門の研究者の場合、特に歴史研究とか草稿研究とかになってくると、どんな研究者も手にしたことのない資料を最初に手に入れた者の勝ちという状況もうまれてきます。作家の草稿を古書店から入手するとか、図書館に埋もれていた原資料を発掘するといった場合、その資料を手にしている人しか言えないことが出てくるわけですね。つまり他の人が持っていないものをコレクションしたら、それだけでもう勝ちになる世界です。カネにあかせて新しい資料を古書店などから買いまくるか、さもなければ自分の足で資料館などを小まめに歩いて発見をするか、いずれにしても、いままで限定されていたコーパスを自分で拡大していくわけですから、大変なことになる。研究にまでたどりつけずに、ほとんどそれだけで一生を終えてしまうことになりかねない。

しかし、すでにコーパスが限定されてしまっていて、それ以上に増える可能性のない分野というのもまたつらいものがあります。どんどんライヴァルの研究者が増えてくるということになるわけですから。

ところで、その一方では、コーパスが大きいか小さいかさえ分かっていない分野もあります。たとえば、「戦後から一九六〇年代までのエロ雑誌について」などという研究テーマを掲げた場合、そもそも、だれもこんな分野を研究対象にしたことがありませんから、コーパスがどれくらいあるかもわからない。まず、どんな資料があるのかという画定作業から始める必要がある。どこかにコレクションというかたちでまとまってそろっていればいいけれども、ない場合は、自分で集めなければならない。

だから、未知、未問の分野に挑もうという研究者は、必然的にコレクターであることを要求されます。そのため、貴重な資料を手に入れるのでコレクター同士で競争が起きますから、激しい鍔ぜり合いの末に大喧嘩となることもあります。逆に、コレクター同士が固い連帯心で結ばれて、巨大なコレクションを共同事業で完成することもある。

明治文化などは、いまでこそ研究者がたくさんいますけれど、大正の始めは資料が古書店や入札会に出てもだれも見向きもしなかった。そこで、木村毅や柳田泉などの在野の研究家が明治文化研究会を中心にして、共同で収集に精を出したのです。こうした新しいコーパスの開拓者は、もちろん、大変な苦労をするわけですが、そのジャンルの鼻祖になるという栄光を与えられることになります。

〈資料の分類について〉

このように、未開拓の分野に挑もうとする人は、必然的に自分で新しいコーパスを広げていくことになるのですが、新しいコーパスの資料というものは、まだ位置づけや分類がなされているわけではありませんから、一種の混沌状態に放置されています。したがって、混沌状態に秩序を設けるには、まず「分類の網にかける」ことから始めなければなりません。とりあえず、自分が収集したアイテムについて、コードを決めて分類し、いくつかの新しいグループにわける。しかし、グループに集められたものをよく検討していくと、その中に下位のグループをかたちづくるような集団があるから、今度はまた別のコードを作って分類する必要が出てくる。

先日、ＮＨＫ教育テレビの「ＥＴＶ２００２」という番組を見ていたら、日本全国の神社に置かれている狛犬を研究して「狛犬学」を創始した三遊亭円丈さんという落語家のドキュメンタリーをやっていました。円丈さんは仕事に行き詰まったあるとき、公園に放置されている狛犬を見て興味をいだき、近くの神社の狛犬を見ていくうちに、そこにはさまざまな種類と特徴があることに気がついて、撮影した狛犬の写真に形、作者、奉納者、年代などの分類コードをかけて、日本全国の狛犬を体系化していったのだそうです。こんなことをやった人はだれもいなかったから、分類はあくまで自分で手掛けるしかなく、したがってタイプの命名も自分でやる。地域的によく似た狛犬が集まっていたり、奉納者の特徴や、狛犬ブームの時期などがわかってきたり、思いがけない文化交流のあとが判明したりしたと語っていました。

たとえば、秋田に行ったときに見た狛犬はなぜか大阪のタイプとそっくりである。なぜこんなところに大阪タイプがいるのかと考えていくと、昭和の始めころまで、秋田は北前船の後継会社によって、大阪と密接につながっていたからだとわかったそうです。また、明治以降の奉納者には、故郷に錦を飾った立志伝中の人が多いとか、いろいろな面白い事実もわかってくる。文字通りの狛犬学です。

この狛犬学の成立の過程を眺めていてわかったことですが、分類というのはかならずしも単純に成立するものではないということです。たとえば、一つの狛犬の写真には、形、大きさなどの外見的特徴のほか、製作年代、作者、奉納者、地域、神社の系列などが記されていますが、こうしたコードがあると、一枚の写真はさまざまなグループに分類されることになります。かたちに関してはグループAだが、製作年代ではグループBで、作者ではグループCであるというように。つまり同じ写真に付されたコードによって、クロス・レファレンスが行われていくわけです。

この円丈さんと同じようなことをやったのが、ヴァルター・ベンヤミンの『パサージュ論』です。パリを「十九世紀の首都」として、できるかぎり生き生きとしたかたちで蘇らせ、その意味を探ろうとしたベンヤミンは、パリ国立図書館にひき籠もって、パリ風俗観察を中心とする膨大な資料をカードに引用し、これに自分のコメントを加えて分類し、壮大な引用のコレクションをかたちづくっていきます。

このベンヤミンの例からもわかるように、特別な資料を買わなくても、図書館で資料を写すだけでも、自分なりの括り方さえできれば、研究はどのようにも発展させていくことができます。無数の資料の中から、テーマに合わせて収集してグループを作り、そのグループ相互を関係づけていくという点で、研究者とコレクターは同じところがありますね。

まず、集めた資料を、どれだけ自分のオリジナルの枠組みで括ることができるかが非常に重要なわけです。資料を読み込んで、大切な部分を拾い上げ、類似と差異を見分けて、どの類似性で分類するかを決める。次は、色々なグループをさらに大きな枠で括って、グループの相互の関連づけの過程から、結論へと至る論理を組み立てていくことになります。

さきほど一次資料が大切と言いましたが、それは、二次資料は、すでに選別、分類、関係付けが行われる過程でその研究者によるバイアスがかかっているということです。

ですから、自分で再度一次資料に当たることによって、オリジナルな選別、オリジナルな分類、オリジナルな関係付けができる。ひとことで言えば、オリジナルな観点から資料に自分で当たらない限り、オリジナルな研究というものは出てこないというわけです。

〈仮説に反する資料の処理〉

コーパスを把握し、資料を集め、選別し、分類してジャンルを立てて関係付けを行う。そうすると、前もって立てていた仮説にぴったり合う資料と、合わない資料が出てきます。さらに、どちらとも言えないグレー・ゾーンの資料もある。これは当然のことで、全部が全部、自分の仮説にぴったり合ったとしたら、そこには作為があるか、資料の集め方に問題があると思った方がいい。都合のいいサンプルばかりあったら、喜ぶより警戒しなくてはいけないですね。そんなはずはないんだと、自分でもう一度見直して、集め方に間違いがないかどうか確認した方がいいです。

そのときに重要なのは、仮説に合わない資料やグループの存在をどのような理屈をつけて処理するか、それが問題なのです。ここが良い論文になるか否かの分かれ目です。

フロイトの夢理論を例にあげると、フロイトは色々な夢を集めていく過程で、自分の汎性欲理論に合わない夢というものに出くわします。自分の理論に合わない夢を合理的に解釈するにはどうしたらいいか。一生懸命考えます。そのあげくに、「検閲」の概念を出してきます。人の心の中には自己検閲のシステムがあって、夢に出そうとしても検閲があるから出せない。そこで検閲をかいくぐるかたちにするから、一見するとそうは見えないような外貌を纏うことになる。

こう理屈をつけると、仮説に合うものと合わないものが、見事に裏表の関係になって、一挙に処理できてしまう。こうなったら無敵です。

ところがたいていの研究者は、仮説に合わない資料は例外として処理してしまうんです。確かに例外というものはあって、資料の中に全く系統の違うものが紛れ込んでくることは有り得る。資料の収集や分類の際に不純物が混じったということだから、それは取り除いてやればいいという考え方です。たしかに自然科学の実験などでは、この不純物を取り除くという作業は大切です。

しかし、人文科学や社会科学では、そう簡単に不純物を処理するわけにはいかない。というよりも、その不純物、つまり仮説に合わない要素がなぜそこにあるのかという意味を考えなければなりません。

です。

〈コーパスの見直し〉

ここで、もう一つ考えなければならないのは、自分の設定したコーパスは正当かということです。

この例としては、『セーラー服とエッフェル塔』の「ナポレオンの片手」という章をあげたいと思います。ナポレオンが、片手の指先を、胃の上あたりでボタンとボタンの隙間に差し込んでいる肖像画を見て、このポーズの意味について考えた章です。

ナポレオンの肖像画にはこのポーズの絵がたくさんあって、ナポレオンは胃癌だったので痛みをこらえていたとか、腹部の皮膚炎がかゆかったので掻いたのがくせになったとか、様々な説がありますが、どれも絶対的な説得力にかける。

そこで、たくさんあるナポレオンの肖像画を次々に調べていくと、右手を差し込んでいるものも左手を差し込んでいるものもある。また若い頃のものも晩年のものもある。そうすると、胃癌で胃が痛かったからという説は、若い時代の肖像画の存在で否定されるし、左利きだからというのも、右手のものも左手のものもあるから理由にならない。

そこで、資料体の枠をはずしてみる。

ナポレオン、ナポレオン、と思って、ナポレオンの肖像ばかり集めたけれども、この資料体の作り方がまずいのではないか？　資料体は、ナポレオンの肖像に限らなくていいのではないか？　こう考えて、同時代の他の人の肖像画を探す。あるいは、同時代ではなくて、もう少しさかのぼった時代の肖像画を見る。資料体というのは、論を進める上の前提と同じ働きをするわけですね。

　すると、ナポレオンの同時代の他の人や、もっと前の時代の人もみなこのポーズで肖像画におさまっていることがわかる。要するに、片手差し込みポーズは、肖像画を描いてもらうときの文法だったので、ナポレオン独特のポーズではない。問題はナポレオンにはなかったことがわかる、という結論です。

　だから、コーパスというものは絶対に動かせないものではない。むしろ、仮説がうまくいかないときには、コーパスを動かしてみることが必要です。さもないと、袋小路におちいってしまう危険もあります。そこのところは柔軟に処理しなければなりません。

「昭和文学について」がテーマだったら、昭和文学、昭和文学とばかり考えてもしかたがない。昭和になったからといって、その一瞬から文学ががらっと変わるわけではないんですからね。コーパスは必ずしも昭和でなくてもよい。昭和文学の特徴と思われていたものが実は明治時代にあったとか、コーパスを広げることで解決不可能だったものも可能になるかもしれない。あるいは芥川龍之介の研究だからといって、芥川だけを探しても出てこない要素が、久米正雄にはいっぱい出てくるとか、そういうことだってあるかもしれない。

だから、コーパスを絶対視してはいけないわけです。

〈コーパスとオリジナリティー〉

このように、論文のオリジナリティーというのは、コーパスをどう切り取るかの工夫による面も大きいのです。コーパスの設定がうまくいくかいかないかで、論文の成否が決まってしまうということもあるのです。逆に言えば、今まですでに色々なことが言われているジャンルだったら、自分でコーパスをどう広げるかがオリジナリティーを出すための鍵になるということです。

恐竜はなぜ絶滅したかという問いも、コーパスを恐竜ばかりに限定していたのでは解決できない。他の動植物の進化、地層や海流などの長期的変化などという面にもコーパスを広げていけば、恐竜の消え方が逆に照らしだされるかもしれない。

自分がテーマとするジャンルで、すでに壮大な理論を打ち立てた先駆者がいる場合、その理論を覆そうと思ったら、その人がコーパスとして使用している範囲を詳しく調べて、その範囲が妥当なものか判定を下し、次は、サンプルの選び方、分類の仕方、関係付けの理論をいちいち検討していく。こうして、コーパスの設定という面から検証を加えれば、どんな壮大な理論にも欠陥はあるから、これを覆すことも可能になるのです。

少し話がずれますが、資料を集めるときには、文献ばかりに限定するのはよくないですね。視覚的資料、さらには音声的資料などもコーパスに含めた方がいいですね。写真とか絵画とかにまでコーパスを広げると、思ってもみなかったような仮説が浮かび上がることもあります。逆に、美術史などでは、視覚的資料だけではなく、ジャーナリズムなどの文献的資料にも十分目配りする。

このように、コーパスは原則としては、初めに範囲を決めなければなりませんが、後で状況に応じて動かすことも必要です。そうすることで、自分の理論に合わないサンプルやグループ、グレー・ゾーンのものや、仮説に真っ向から反するものをうまく解釈することができるかもしれないし、また論敵の理論を打ち破る可能性も出てくるのです。

〈仮説に合わないサンプルの処理例〉

それでは一つ、仮説に合わないサンプルが出てきたときに、これをどう考え、どう処理するか、具体的な例でもって見てみましょう。

私は「現代」という雑誌で、赤坂のルポを書きました。問題設定は、「赤坂神話の急速な成立と急速な崩壊」です。すなわち、昭和三十年代に、東京の西の盛り場として急に勃興し、ナイトクラブや料亭といった高級歓楽街として名をはせていた赤坂が、なぜその後、あっというまに没落し、ただの盛り場になってしまったのかという話です。

まず注目したいのは、なにをきっかけにして赤坂が高級な盛り場として認識されるようになったかという問題です。

赤坂がおしゃれでカッコイイ盛り場と認識されるようになったのは、一般には、一九五五年(昭和三十年)に、西武資本が宮様の屋敷を買い取って赤坂プリンスホテルを開業してからと言われています。一九六〇年には新館ができて、ホテル内のプールを一般に開放するようになる。そのころが赤坂のホテル・ラッシュの時代でした。六〇年にニュージャパン、六二年にオークラ、六三年に東京ヒルトン(現・キャピトル東急)、ニューオータニは六四年に竣工しています。

プリンスホテルはそれらに先駆けて建てられ、しかも、当時はまだ非常に珍しかったプールを作ったので、外人客がたくさんやってきました。プールは一般にも開放されましたので、日本人の中にもカッコつけの人たちはここを盛んに利用しました。外人がたくさんいて、外国的なものもいっぱいあって、カッコつけの文化人もいる。これが赤坂神話のスタートと思われています。つまり、仮説は、外国の香りのするおしゃれな赤坂プリンスホテルが赤坂神話を作ったというものです。極言すると、「外国性」と「新奇性」が赤坂発展の原因というのが一般的な仮説です。

しかし、私は、いやちょっと待てよ、と思いました。それだけで赤坂の神話が生まれたかなと思ったのです。そこで、戦前の赤坂はどうだったのかというかたちで、コーパスを広げて見ました。第二回の講義で言えば、縦軸に移動してみる手法ですね。もしかすると、赤坂神話はなんらかのかたちで戦前からあったのではないかと思ったのです。これが第二の仮説です。

ところが、調べてすぐ分かったのは、赤坂はもともと二流の歓楽街で、戦前までそれが続いていたという事実です。江戸時代から吉原・深川より格下の色街で、吉原や深川が「米飯」なら赤坂は「麦飯」と呼ばれていた。明治になってからは、近衛歩兵第三連隊をはじめ陸軍の施設がかたまってできたので、軍部・政治家・財閥の利権ピラミッドの密談場所として発展しましたが、それでも東京三大盛り場と言われたうちの他の二つ、新橋・柳橋に比べて二流と格づけされ続けてきています。

これは困った。「ある種の赤坂神話は戦前からあったのでは」という第二の仮説を証明しようとコーパスを拡大したら、この仮説とは反対の事実が出てきてしまったわけです。「赤坂神話の源はプリンスホテルのプール」という第一の仮説に疑問を呈するために、第二の仮説をぶつけようとしたところが、結局出てきたのは、「戦前、赤坂は二流の盛り場だった」という、ちょっと処理にこまる要素でした。そこで、今度はコーパスをもう一度横に動かして、ホテルだけではなくて、戦後の料亭とか待合などに関する他の資料を探してみることにしました。そうすると、なかなかすごいものが出てきたのです。

一九八〇年五月十一日号の「サンデー毎日」の、「戦後日本史を変えた〝重大決定の密室〟赤坂の料亭はいま……」という記事に、自民党の古参議員の証言がのっています。彼は、戦後でも赤坂は新橋や柳橋と比べると、ずっと安かったというのです。東京の人間は、戦前からずっと赤坂が二流で安いことを知っている。ところが、すでに地方では戦前から、赤坂の芸者が雑誌のグラビアに登場したり、「芸者ワルツ」で歌謡曲になったりと、赤坂という言葉がマスコミに出てきていたので、「赤坂は一流の盛り場」という思い込みが生まれていた。

それで代議士は、自分が遊ぶときや、地方からの客を自費で接待するときは赤坂で遊ぶ。こうすると、接待された方は、赤坂が一流だと思っているから、大感激する。ところが、実際にはそれほど高くはない。次に、今度は地方の人が接待返しで同じ料亭を使うときには、女将に言い含めておいて、自分が安くしてもらった分を上乗せして勘定に付ける。地方の人は値段を見てやっぱり赤坂は一流なんだと思ってしまう。一言でいえば、「実際は二流、外見は一流」というギャップが、戦後の赤坂神話を発展させるジェット推進力になっていったわけです。

このギャップを把握して、次に、例の「赤坂神話の源はプリンスホテルのプール」という第一の仮説を見てみると、おもしろいことがわかってくる。当時の日本人は最新の赤坂プリンスホテルのプールを利用して、「おお超一流ホテルじゃないか」と思ったけれども、泊まっている外国人は帝国ホテルに比べて「安くてチャチい二流ホテル」と思っている。日本円はまだまだ安かったし、設備なんかも欧米の高級ホテルにはとても及ばない時代でしたからね。すなわち、これも「実質二流　外見一流」の理論にあてはまってくるわけです。

こうなると、第一の仮説「赤坂神話はプリンスホテルのプールで作られた」が、第二の仮説「ある種の赤坂神話は戦前からあった」と合わないどころか、むしろ、相互補完的なものだということがわかってくる。

コーパスを広げて「戦後の料亭関係」にも注目した結果、代議士の証言などから「実質二流で外見一流が、赤坂神話の推進力だった」という結論が生まれ、これによって第一の仮説と第二の仮説が、対立するのではなく、背中合わせの相互補完的なものとなって処理できたわけです。

そして、次にこの結論を、赤坂神話の没落の部分に適用すると、これもうまく切ることができる。つまり、「実質二流で外見一流」を新興の成り金が寄ってたかって利用しようとしたため、外見のメッキが剝がれ、最後は「実質二流、外見二流」のただの盛り場になってしまったという最終的結論に達することになるのです。

このように、矛盾する仮説が出てきてしまったときには、コーパスを縦軸・横軸に広げてみると、ミッシング・リンクが見つかって、問題をうまく解決できることもあります。

〈再現性の確保〉

ところで、こうして仮説を証明していくときに心掛けなければならないことは、どのようにしてコーパスを決め、またそれをどう拡大したり移動したたか、またそこからサンプルをどう抽出したかというその作業過程が、自分よりも後に同じことをやろうとする人に分かるように、引用の出典などを明記しておくことです。読み物風のエッセイならこうしたことを書かなくてもいいし、それだけのページもないですが、しっかりとした論文の場合には、あとから同じことを別の人がやった場合、同じ結果に到達するように便宜を図っておく必要があります。それが、自分の論文の真正さを保証するものともなるのです。科学の再現性と呼ばれる原則ですね。

ある科学者が天才的なアイディアで何かを発見し、理論を立てて発表したとします。しかし、それだけでは論文の正当性は認められない。他の人が、そこに述べられている実験や観察を同じ条件でやってみて、同じ結果が出ればいいけれども、全然違う結果が出てしまったら、その理論は単なる偶然だったということになり、信憑性が失われてしまうのです。一回しか結果が出なかったものは、奇跡と同じで、科学論文としては成り立たないのですね。

文学やその他の論文でも同じことで、仮説を証明しようとする過程で、コーパスの処理やサンプルの抽出に恣意性が働いてはならないわけです。自分の仮説に都合のいいようにコーパスを動かしたり、サンプルを処理したりしたら、他の人がやったときには同じ結果を得ることができない。仮説に都合のいいものだけを選ぶのではなく、不利なものもきちんと処理して解決しておくというのは、科学的な再現性のためには絶対に必要な作業ですし、論文の公明正大さを保証するものとなります。

文学研究や歴史研究を例に取れば、「これこれの作家から直接聞いた話だが……」という伝聞資料は、論文の資料としては、原則的に使ってはいけないものとされています。もっとも、最近は、オーラル・ヒストリーつまり聞き書きも、論文の資料として使ってもいいという風潮が出てきました。ただ、その場合は、速記者がいて筆記をとっているとか、テープで録音したのを起こした原稿であるとか、そういう条件が必要になります。「酒場で本人から聞いた話だが」は、後の人が追跡実験をすることができないのですから資料にはなりません。

先ほどのウンベルト・エーコの『論文作法』でも、コーパスというものは、万人が見ることができ、聞くことができ、匂いをかぐことができる、そういうものでなくてはならないと言っています。有無をいわさぬ物的証拠であることが必要なのです。

〈テクスト・クリティック〉

文学研究や歴史研究などで、もう一つ、忘れてはならないのは、テクスト・クリティックということです。これは、使おうとする資料が信憑に値するものであるかどうかを検証する作業です。こんなことをするのは、現実には、偽史とか偽資料というのが意外とあるからなのです。また、偽資料といわぬまでも、かなり操作性の感じられる資料というものが登場したりします。たとえば、歴史の動かぬ証拠として提出される写真がじつはまったく関係のない事件を写したものだったなどということはよくあります。

また、作家や政治家が自分で筆を取ったのではなく、談話をライターや編集者がまとめたものの場合には、ライターや編集者の主観が入った上に編集されていますから、テクスト・クリティックを施してみると、信憑性に欠ける部分も相当に出てくるのです。対談とかインタビュー記事も同じことです。

これは、自分が対象になったインタビューや取材記事を読むとよくわかります。「えっ、俺こんなこと言ったか」と驚いてしまうことがよくありますからね。つまり記者が作っている部分が少なくないということです。

まあ、こんな具合にテクストを疑いだすと、本当にきりがなくなりますが、それでも、真正さを検証する方法はあります。

警察では、容疑者に尋問するときには、何回も同じ質問をして答えさせるといいます。何回答えても内容が変わらないものは、まあ真実と見なされる。これに対して、答えるたびに内容が違ってくるのはもちろん疑わしいわけです。

同じ原理を対談やインタビューにも適用してみる。ある作家が対談で何かについて語っている。これだけでは信憑性があるかどうか分からない。しかし、同じような話を他のインタビューでも答えていたら、それには多少の信憑性はあると考えていい。こうして、対談やインタビューのような編集する側の意図が入ったものでも、それをいくつか重ね合わせていけば、真正さというのはおのずと明らかになる。

もちろん、もっと別の調べ方もあります。これは、警察やノン・フィクションでいう後付け調査です。例えば、ある歴史的な大事件の現場に立ち会ったという人がいて、そのときはこうこうだったと克明に証言したとします。いかにもリアリティと迫力があって、誰でも信用するような話です。ところが、この証言の真正さを確認するためには、戸籍や経歴といった証言者の履歴を調べてみると、事件当時は絶対にそこにいたはずがなかったなどということが判明したりします。人の証言を資料として採用するときには、こういう形でのテクスト・クリティックが必要となります。鵜呑みにしてはいけない。

また、作家自身の草稿だから、全面的に信頼していいかというと、ここにも落とし穴があります。有名な例は、フロベールが遺稿として残した小説『ブヴァールとペキュシェ』です。草稿の最後に「彼らは昔に戻って筆写をやる」という言葉が出てきます。ながい間、フロベールの研究者は、自筆原稿だからとこの言葉をまったく疑わず、これを巡って侃々諤々の議論を戦わせてきました。ところが、イタリアのチェントという学者が草稿をもう一度徹底的に洗いなおしたところ、フロベールの草稿の保管者となっていたコマンヴィル夫人という姪がところどころ手を加えていることが判明しました。「彼らは昔に戻って筆写をやる」という文も、「昔に戻って」の部分がコマンヴィル夫人の加筆だったのです。これですべての議論の前提が崩れて、議論は初めからやり直しになってしまいました。

しかし、こうした真正さの確認というのは、検証者が学者だから頼れるとも限りません。美術学者と古美術商とが、芸術作品の真正さを巡って対立することはよくあります。学者は文献、ことに書かれた史料というのに弱いので、画家の書いたハガキにその作品についての言及があったりすると、コロリと信じてしまいます。ところが、作品ばかりか、それに言及したハガキまでが贋作だったなんてことがあるのです。作品を贋作するやつはいても、まさかハガキまでは捏造しないだろうと思いこんでしまうのですね。ところが、現実には、そんなものまで贋作するやつがいるんですね。そういうとき、古美術商は長年の経験と勘で、偽物であると瞬間的に見破ってしまうといいます。

このように、どのような分野でもテクスト・クリティックは必要なのです。裁判などでは、証拠認定という作業を最初に行いますが、テクストというのは研究における証拠ですから、ここで間違いが起きたら、議論の前提が崩壊してしまいます。決して疎かにしてはならないところなのです。

〈図式化、公式化〉

さて、さまざまな資料の処理が終わり、グループ分け、関係付けが終わったとします。次にはどうすればいいのでしょうか？

これまでは、資料を一つ一つ集め、それぞれの類似や差異に目をとめて分類し、その分類を相互に関係付けるということをやってきました。すべては、具体的な資料に基づいた作業でした。でも、それだけで終わってしまったら、これは論文に結晶するまでには至りません。中途半端で放り出してしまうことになってしまう。これではだめなんですね。

ここからは、具体例から出発して、抽象化、図式化の作業に切り替えなければなりません。これは言ってみれば、香水とかお酒とかの蒸留作業に当たります。花や果実から取った香りや酒をさらに蒸留して、より本質的なエッセンスを抽出する。次には、そのエッセンスをベースにして、これを熟成させたりブレンドしたりして、香水やアルコールを作っていくわけですが、論文でも同じことで、具体的な資料の検証とアレンジメントが済んだら、今度は、そこから他の範例にも適用できそうな一般的な公式や法則性を導きだそうと努力していくことになります。自然科学だったら最後は数式になってしまうわけです。自然科学だけでなくとも、経済学などの社会科学でもそうです。消費統計とか生産統計とか、いろいろな数字にあらわれた現象を集めることから始まるけれども、最後は、他のケースにも当てはまるような汎用性のある法則を見つけ出すことに全力を注ぐことになります。

文学などでも、やたらに数式を使いたがった精神分析学者のジャック・ラカンの影響なのか、最近は、自分の理論を数式や図式で説明するのが流行になっています。本当は二次関数もろくに分かっていないのに、「量子論」がどうしたみたいなことを書いたりする研究者がいますが、これはやりすぎると滑稽です。数式、図式というのは、理論が純粋に抽象されたときの形態ですから、目標として設定するのはかまいませんが、やたらにこうしたものを振り回すのは愚の骨頂という感じですね。

文芸評論の分野でこうした図式化に成功した例としては、ルネ・ジラールというフランスの評論家の「欲望の三角形」という公式があります。ジラールは、フランスで生まれてアメリカに渡った人ですが、一九六一年に「ロマンティークの虚偽とロマネスクの真実」という論文を発表して一躍有名になります。それは、フロベールの『ボヴァリー夫人』をはじめ、さまざまな近代小説を分析した文芸評論なのですが、そこで、人間の欲望のベクトルを公式のようなかたちに要約しました。

『ボヴァリー夫人』は、ご存じのように、田舎の医師と結婚した農家の娘のエンマが、平凡な夫との田舎の暮らしに退屈して都会やロマンチックな恋などにあこがれ、複数の愛人を作ったあげく、高価な物を次々と買いつづけて、最後は破産して自殺する話です。

ジラールはそこから出発して、「欲望というのは、自分が欲しいからといって起きるとは限らない。自分とは別の誰かが欲しがっているから自分も欲しくなる。欲望は他人の欲望を模倣することで生まれる」という理論に達します。すなわち、自分、対象、それに第三者という三点があって、この間に結ばれる線が欲望の本質なのだという公式を打ち出したのです。これが有名な「欲望の三角形」です。

ジラールは『ボヴァリー夫人』という資料をサンプリングして、抽象し、図式化したわけですね。そのあげく、最後は『ボヴァリー夫人』を離れて「欲望とは何か」に関する、普遍的で本質的な図式が生まれた。このように、論文で図式化、公式化が成功して、しかも、汎用度がきわめて大きいものだったら、これは他のモデルにも使える。本当にすぐれた論文であれば、ある特定の時代の、特定のテーマを扱いながら、そこから得られた結論の用途は広くなる。これが時代を超えて残る名論文というものです。

他に、ジェイムズ・フレイザーの『金枝篇』もこうした成功例としてあげることができるでしょう。『金枝篇』は一八九〇年から一九一五年までに十二巻も出た大作で、原始宗教の起源としての古代信仰や呪術と、呪術から宗教までの進化の過程をテーマにしています。

王殺しとか、タブー、犠牲、植物神など、とにかく世界中の無数の事例が扱われ、頭がこんがらがるくらい、細かいことがいっぱい出てきます。まあ、西欧古典とか、当時の民族誌の記録とかを片端から読破して書斎で編み出した理論ですから、資料の量はとにかく多い。現在ではこうした書斎型の手法や進化の理論は否定されていますけれども、それでも、さまざまな宗教の根底にある構造的な類似を、これだけ広いサンプルから抽出してきた論文は他にありません。

膨大な量の資料があちこちに登場して、話がどこへ進んでいるのかよく分からなくなってしまう大論文なのですけれども、冒頭に登場する「王殺しの話」はなかなか説得力のある宗教理論です。ヨーロッパの先住民族であるケルト人のドルイド教徒たちが新年に森のカシノキからヤドリギを切ってくるといった具体的な話の分析に始まって、ヤドリギについてのさまざまな神話が集められます。ヤドリギはドルイド教徒たちにとって、枯れた木から緑が生える聖なる木なのです。この聖なる木を守る王がいて、その木を切れば王に挑むことができて、王を殺せば次の王になれるという伝承から、古い王を殺して新しい代の王を祀るという古代宗教の共通構造が抽出され、古代宗教全般に通じる普遍的な理論が披露されます。

ロシアの文芸学者ミハイル・ミハイロヴィチ・バフチンの「カーニバル理論」も同じように

汎用を持つ理論です。彼の『フランソワ・ラブレーの作品と中世・ルネッサンスの民衆文化』は一九六五年に出された大作です。

ラブレーは十五世紀末から十六世紀にかけて生きたフランス・ルネサンスを代表する物語作家です。『パンタグリュエル物語』と『ガルガンチュワ物語』という、巨人の王様と臣下たちが活躍する途方もない物語を書いています。その中でラブレーは、こうした主人公を大暴れさせることで中世の秩序に固執する神学者や為政者の世界を打ち壊したり、中世の時代には人が考えなかったような自己模索を主人公にさせたりしています。

バフチンの論文は、それまでのラブレー解釈を一新しただけでなく、そこから「カーニバル理論」「民衆の笑い理論」といった新しい図式を理論として打ち立てました。

キリスト教では、キリストの復活を祝うイースターの前に、四十日間の禁欲期間があります。四旬節と言われるもので、肉食を断って懺悔をする、いわばみそぎの期間です。ところがその四旬節に入る前の何日間かは逆に、禁欲前の、欲望の全面解放期間となって、普段はつましい生活をしている民衆たちにも、食べ放題、飲み放題のドンチャン騒ぎが許される。これがカーニバルです。

カーニバルのときには、社会の階級や秩序がすべて放棄されて、日常とは全く別の世界になる。それは民衆たちの世界で、誰もが人を笑い、また笑われて、笑いの中で古い価値観は打ち壊され、世界は新しくよみがえると考えられていました。バフチンはこの論文で、ラブレーをはじめ近代以前の、破天荒で、面白くて、笑いに満ちた物語文学は、現実の中で、いわばカーニバルのような役割を果たす「カーニバル文学」であり、近代文学とは別の価値観を改めて見直すべきだと評価したのです。

バフチンは十六世紀フランスのラブレーの物語をコーパスにしたのですが、その本質を抽出したあと、これを完璧に抽象化し、図式にした。こうしたことで、「カーニバル理論」は、フランス文学だけでなく、各国の文学の解釈、また民族学や歴史学の世界にも大きな影響を与えることになりました。これも、抽象化がうまくいって図式化できれば、他の多くの事象にもあてはまる汎用性、普遍性を持つという例の一つですね。

このように、本当に優れた論文というのは、その理論が抽象化され、図式化されて普遍性を持つようになると、他のジャンルの解釈の公式にも用いられるようになります。まあ、それが全面的にいいことだとは言えず、弊害もありますが、少なくとも、論文を書いたその人にとっては、名誉なことだと考えていいわけです。

このように、論文を書くということは、これをやったら明日儲かるというものではないのです。他の人が使えるような汎用的モデル、図式を作りだして、それがいろいろなジャンルに影響を与え、最後にその影響が広がってパラダイムが変わったとき、真の意味で、名誉や名声が確立するということになるのです。

〈研究者には最後の段階でも柔軟性と勘が必要だ〉

最後に一言いっておきたいことがあります。研究者として、非常に真面目で熱心で、広く資料に当たって、これを鋭く読み込む人がいるとします。ここまでは、研究者としては完璧です。ところが、最後に自分の論を組み立てて、結論を出す段になると、ものすごく凡庸なことしか言わない人がいるということです。

「えーっ、そんなに調べたのに、そんなもんしか出てこないの？」と嘆きたくなる人がたくさんいるのですね。こういう人は、すでに言われていることとか、世間的な常識とか、そういうものにとらわれてしまって、結局落すべきところに落としてしまうんですね。あるいは、自分の先生の言っていないことを言ってはまずいなんていう配慮が働くのかもしれません。

ですから、優れた論文を書くためには、優れた問いの立て方、仮説、上手なコーパスの切り方、資料に当たったときの柔軟な見方といった要素のほかに、議論を組み立てるときのオリジナリティー、つまり、編集の技術、図式へと落としていくときの抽象の仕方などの才能も必要になるのです。

次回は、こうした論文の組み立て方、編集技術についてお話ししたいと思います。

今日の講義をまとめると、まず自分のテーマに従ってコーパスを決め、資料を集めてから、それを読み込んで分類し、その分類を関係付ける。ここまでは、根気強さと労力がものをいいます。このとき、自分の仮説に反する資料については、それも仮説と矛盾しないことを説明できるような視座をコーパスを変えたりして考えだします。それが終わったら、本質にせまるエッセンスを抽出して図式化し、最後に汎用性を持つ理論へと練り上げる。このとき、柔軟性や勘をフルに活動させて凡庸な結論に落ちつかないように考察を深める。

以上です。

第四回講義　論文の組み立て方

〈論文の各部分の割合〉

さて、前回は、集めた資料をどう整理・分類し、関係付けて、そこから問題と議論を導きだしていくかを考えました。今回は、いよいよ、そうした下調べを経たあとに、論文を書き始めるわけですが、このとき、どんなことに注意したらいいか、つまり、論文の組み立て方、各章の構成、また議論の進め方などについて見ていきたいと思います。

一般に、論文というのは、

序論
本論
結論

の三部からなるのが普通です。そして、それぞれのパートの配分は、全体を十とすると、序論一、本論八ないし八・五、結論一ないしは〇・五という感じになります。

知らない人は意外に感じるかもしれないけれども、結論というのは、序論で提起した問題に確定的な答えを出す部分ですから、ちょうど数学の解答欄のようなもので、ごく短くてかまわないのです。議論は本論で十分に展開し、結論では、議論の結果だけ、あるいは議論の筋道の要約と結果を簡潔にしるしておく、これでいいのです。

これに対し、序論というのは問題提起の部分ですが、次に説明するような正当化の部分や段取りや方法の説明などがありますので、結論よりは多少は長くなります。しかし、それでも、序論をあまり長くするのは考えものです。議論は本論で展開すればいいのですから。それと一番いけないのは、肩に力が入りすぎて、やたらに難しい言葉をつかって大上段に振りかざすことです。こんな書き方をしたら最後、よほど辛抱強い読者でない限り、ついては来てくれません。

では、序論はどう書けばいいのでしょうか？

とりあえず、この問題から入っていくことにしましょう。

（一）　序論を書く

〈読者を呼び込む〉

序論の役割は、なによりもまず、本や論文を手に取ってくれた読者に対して、この先も面白いですから読んでくださいと、お願いすることです。いいかえれば、序論とは、論文の書き手が自分で行う宣伝のようなものです。縁日の小屋とか盛り場のショーなどの入口で呼び込みの人が「さあさあ、いらはいいらはい、こんな面白いものはないよ、いらはい、いらはい」と言って客を誘うのと基本的には変わりありません。とても面白いですから、どうぞ読んでくださいと誘うわけです。

しかし、いくら客引きが強引でも、その語り口が優れていなければ、客は劇場の中に足を踏み入れようとはしません。

これと同じことで、序論にも、読者をひきつけるためのレトリックが必要になるのです。では、それはどんなレトリックでしょうか?

まず、どんなに固い論文でも、少なくとも序論は、幅広い読者を想定して書くべきだということを頭に入れておいてください。実際には、本当の価値は世界で二人くらいしか理解できないような高度に専門的な内容であっても、書き出しは、ごく一般的な読者、まったく専門知識のない、その道のど素人を頭に入れて始めるようにすることです。なぜかといえば、どんなに優れた論文でも、それを読んでくれる人がいなければ、あなたの考えは受け入れられないからです。論文というものも、一般の書籍と同じように、一人でも多くの読者の目に触れた方が勝ちだからです。

この意味で、書き出しは、落語の枕のように、身近な日常のトピックスから入ってもかまいません。このテーマに関心を持ったきっかけ、あるいは疑問を抱いた契機などを簡単に述べるのは読者の関心をひきつける上では効果があるでしょう。

しかし、あまりに長く身近なエピソードばかり語るのは、読物エッセイでない限りは避けたほうが賢明です。つまり、くだけた書き出しというのは、あくまで次の問題提起のためのイントロですから、手短に切り上げたほうがいい。というよりも、この部分はまず読者をリラックスさせておいて、次にいきなり重大な疑問をぶつけて驚かすための伏線と心得るべきなのです。

〈読者を驚かす〉

序論でもっとも必要なレトリックは、読者を驚かせることです。常識を覆すような疑問、定説に反するような問題提起、あるいは、こんなところに問題を立てられるのかと思うようなところに問題を立ててみせる、いずれにしても、読者を不意打ちして関心を呼び起こすことが、序論で要求されるレトリックです。

そのための技法はいろいろとありますが、最も一般的なのは、読者が広く共有している常識を真っ向から否定するような疑問を呈してみせることです。たとえば、ダーウィンが『種の起原』で用いたのは、人間は神が創造したという「常識」に対して、人間はサルから進化したという「非常識」を対置することです。また、マックス・ウェーバーが序論で使ったのは、資本主義をつくったのは、おのれの利益だけを追求する欲深い人間ではなく、金銭に対して禁欲的で労働と貯蓄を重んじる真面目な人たちだという逆説です。

あるいは、なんでこんな瑣末な問いが本質的な問題とかかわりあるのというような、どうでもいいような問いかけから始めるのも手です。たとえば、マルクスは、ダイヤモンドはなぜ高いのかというような、だれも不思議に思わないが、よくよく考えれば理由がわからない問いから『資本論』を書き始めています。

いずれの大論文も、序論では、読者が「ええっ？」と思わず先の展開に興味を持つような不意打ちの書き出しを用意しているのです。

ですから、私たちとしても、せめて、序論くらいは、読者の意表をつくような問いから書き出したいものです。

〈問いを正当化する〉

しかし、いくら序論は不意打ちがいいといっても、もし、次に、その問いを正当化する根拠が述べられていなければ、序論としては完全なものとは言えません。

ところで、いま使った「正当化」という言葉ですが、これは誤解を招きやすいので、一言解説を加えておく必要があります。というのも、正当化というと日本では自分が誤っているのにそれを認めようとしないようなときに使う悪い言葉とされているのに対し、欧米では正当化する（フランス語なら justifier, 英語なら justify）という行為は、おのれの言動にしかるべき根拠を与えるという意味で、とても重要な態度とされているからです。

もし、自分がなにか言ったり、行動したりしたとき、正当化ができなかったら、その人は他人の信頼を失ってしまうのです。

したがって、序論において、自分の立てた「問い」を正当化するということは、その問いがけっして的を外したトンチンカンな愚問ではなくて、本質的な、核心に達するような問いであること、一見、ささいな問いのようだが、じつは未だかつてだれも問うたことのない画期的な問い、あるいは何人もの人が挑戦したけれども答えの出ていない「問い」であるぞ、と、ここで確認しておくことになるのです。

ちょっと例を示しましょう。

テーマは、最も身近にある食品の一つである砂糖にします。

書き出しとして、フランスのケーキやデザートはなぜ過激なほどに甘いのかという問いにします。これなら、フランスに行ったことのある読者ならだれでも感じる疑問ですから、「いらはい、いらはい」の「呼び込み」にはなります。

次には、二十数年前、初めてフランスに行ってカフェに入ったときは、ドゥミ・タスのエスプレッソに角砂糖が三つ連なった三連砂糖がついてきたという思い出を披露することにします。今では、フランスでも、ダイエットの影響か、角砂糖は二連に減っていますが、それでも、ドゥミ・タスに二連砂糖というのは日本に比べるとまだ多い。それなのに、昔はなんと三連砂糖が普通だったというと、若い読者なら「驚く」かもしれません。つまり、これも「驚かせる」イントロの部類には入るでしょう。

そして、この二つの疑問から、「万事に倹約精神を発揮するフランス人が砂糖に限ってはなぜあれほどに鷹揚なのか?」という一般性のある問いを導きだし、次には「一体いつからフランス人は砂糖をたくさん使うようになったのか?」という、テーマの中心になる疑問を持ってきます。

ここで、ようやく「問い」が成り立ったわけですが、このときに肝心なのは、砂糖の問題は、じつは瑣末な問いどころか、世界史と密接に結びついた問いだよ、と匂わせることです。

砂糖黍はヨーロッパにはなかった植物で、それから作った純白の砂糖は十字軍とともにヨーロッパに登場します。最初は砂糖は貴重な商品で、おもに薬品として使われていました。ところが、大航海時代になると、砂糖も前よりは手にはいり易くなったために需要が拡大します。そして、ついには、これを西インド諸島のプランテーションで栽培したら大儲けできるのではないかと考える商人が出てきます。これらの点を踏まえた上で、イギリスとフランスの西インド諸島を巡る争いに触れ、フランス人が砂糖の浪費家であるのは、この西インド諸島問題に派生する英仏の植民地争奪戦と関係があるのではなかろうか、と匂わせます。

　こう説明することで、砂糖のような日常親しんでいる商品が、政治や経済という本筋の歴史に結びついている可能性があると示唆しておくわけです。ただし、ここは結論ではありませんから、「ではないだろうか」という形で問いかけておきます。また、詳しい説明をここでやってしまったのでは本論を書く意味はなくなるので、あくまで仮説的な想像にとどめます。

　この正当化、疑問の根拠付けの部分がないと、「どうしてそんなくだらないことを問いかけるの？」ということになってしまいます。ですから、くだらなく見えるけれど、実はものすごく奥深い問いかも知れないよ、と言っておかなければならない。可能性を示唆しておくわけです。

　以上が、「正当化する」ということの意味です。

　一般の読者の気を引くような、奇抜な呼び込みをやる。呼び込んだら、奇抜なだけではないんだよ、奇抜なように見えるけれども、実は非常に本質的な問いを目指しているんだよ、という正当化を行う。これがまず序論に必要なことです。

〈プログラムと方法を説明する〉

正当化ができたら、次に序論でやるべきことは、「これに続く本論では、こういう段取りで話しますよ」と、自分のプログラムを紹介することです。自分の論文は、まずこういうかたちで問題を立て、次にこっちに行って、それからこう行きますという「式次第」を説明しておきます。これは、論文のように読むのに努力と忍耐を要する文章を手に取ってくれた人への礼儀です。

そして、論文の方法論がはっきりしている場合は、段取りの説明の際に、それも断っておきます。たとえば精神分析的な観点を取りますとか、記号論的な観点からやりますとかいったことです。または、非常に示唆を受けた論文があるなら、それをヒントにして問題を立ててみますとかもフェアー・プレイの精神で宣言しておく必要があります。これをやっておかないと、なんだ、誰々の論文の盗作ではないかという非難を受ける可能性がありますから、忘れないように。

段取りと方法の説明、これが呼び込みと正当化の次に書いておくべきものです。

このように、序論で処理しておくべきことはいろいろとありますが、しかし、序文の役割は、論文で解決すべき「大クエスチョンマーク」をはっきりと示しておくことに尽きます。この「大クエスチョンマーク」がなくて、いったいなんのことを問題にしようとしているのか分からないという序文では困ります。序論は、この「大クエスチョンマーク」がはっきりと記され、しかも、それが読者にとって興味のあるものであるときにはじめて意味を持ってくるのです。

〈企画書のプレゼンテーションに応用する〉

さて、いま述べてきたような論文の序論の書き方は、そっくりそのまま、会社でサラリーマンが企画書を作成するときにも、また起業家がベンチャー・キャピタルから出資を募るときにも使えます。

まず、「呼び込む」の段階として、上役や出資者のだれもが興味を持ちそうな、身近なトピックスの前説をつける。ここに自分の体験を持ってきてもかまいません。しかし、気をつけなければいけないのは、ここは手短に切り上げて、だらだらと続けないということです。上役や出資者はみな忙しい人で、タイム・イズ・マネーですから、だらだらと関係ない話を聞いている時間はないのです。

ですから、すぐに、次の「驚かせる」の段階に移らなければなりません。「ハイパーシステム」という画期的なベンチャー企業を起こし、壮絶な倒産を経験して、いまはベンチャー起業家のためのコンサルタントをしている板倉雄一郎さんは、起業志願者の多くがこの「驚かせる」という段階に無自覚すぎると嘆き、「ハイパーシステム」という事業を立ち上げたときの自らのプレゼンテーションを次のように披露しています。

「こうした話（ネット関連の問題点）を、どこの馬の骨かわからないぼくがだらだらと説明しても、投資家や取引先が興味を持って聞いてくれるわけがない。そこでぼくは、プレゼンの最初にこう発言したものだ。

『当社のビジネスモデルは、ネット利用者のネット接続料を無料にします！』

そう、いきなりハイパーシステムの『最大の売り』をぽんと話したのである。

すると、投資家をはじめ『聞き手』の方々は、身を乗り出す。

『はたしてどんな仕組みでやるの？』

こんな疑問を抱かせたらこっちのものである。聞き手の方々は、このビジネスの詳細を聞きたい、知りたい、と思い始めているからだ。すなわち、このビジネスについて『記憶しておこう』と考えながら、こちらの話を聞いてくれるようになっているわけである。

（中略）このように、プレゼンテーションの極意とは、『聞き手』に興味を持たせるトピックを、いかに短時間に簡単な言葉で説明できるか、ということである。しつこいようだけど、これができない限り、いくら分厚い資料を用意しようと、『パワーポイント』を見事に使いこなそうと『ムダ』です。起業家、起業志願者のみなさん、お忘れなきよう。

この『極意』は、おそらく、一般企業における社内プレゼンや、あるいは就職活動などでも

『使える』のではないだろうか」（板倉雄一郎『失敗から学べ！「社長失格」の復活学』日経BP社）

まさにその通りで、プレゼンテーションでも就職活動でも、相手を驚かせ、こちらの話に興味を持ってもらわなければ、なにも始まらないのです。

私は長年、書評をやっていますが、取りあげる本の序論に相当する部分に、私を不意打ちし驚かせてくれるようなことが書かれていない本は、読む気が起きないので、買わないし、送られてきてもそのまま放っておきます。せっかく、本論には興味深いことが書かれているかもしれないのに、書評家の目にとまらないのは残念なことですが、それは序論（プレゼンテーション）をネグレクトした著者自身の罪ですから、しかたありません。

さて、「驚かせる」の段階に成功したら、次は、「正当化」するの段階ですが、プレゼンテーションの場合は、直接お金と関係してきますから、とても重要です。つまり、自分の企画は一見、突飛で途方もないものに見えるかもしれないけれど、じつは極めて現実的で、実現の可能性に満ちていて、成功すれば、どれだけの巨額の利益を会社にもたらすか、具体的な根拠をあげてみせるわけです。この企画が会社の命運をわけるほどの有望事業であるとか、新しい業態を作り出すほどの画期性を持つというくらいのところまで「正当化」ができれば、たいしたものです。もちろん、いきなりここで細部に立ち入る必要はありません。あくまで、「驚かせ」

たあとの、理性的なフォローの役割を果たせばいいのです。この段階を経たら、次は、プレゼンテーションの進め方の段取りをあらかじめ説明しておくことになります。これをしておかないと、忙しい聞き手は、どこまで話に耳を傾けたらいいのか、また話がどこに進むかもわからずイライラし始めるかもしれません。ですから、できるなら、段取りの説明のときに、ここまでは何分と必要な時間を断っておくのもいいかもしれません。そして、この段取り説明が終わったらもう一度核心に戻って、企画の本筋、つまり大クエスチョンマークを強調することを忘れないように。

(二) 本論を書く

〈クエスチョンを分割する〉

さていよいよ本論の書き方に入ります。

本論の基本形は、一番短くて三章構成。長くしようと思えば、いくらでも増えますが、まあ、四か、五章構成が標準でしょう。それ以上、章を増やすときには、全体を三部や四部の「部」に分けますから、結局は同じことになります。

では、なぜ章に分けて構成するのでしょうか。

それは、序論で提起した「大クエスチョン」というものはいきなり答えを出すことができないからです。というよりも、いきなり答えを出せるようなものを論文の問いとして取り上げてはいけないのです。つまり、いきなり答えを出すことができないような大クエスチョンであるから、これを取り上げ、またそうであるから、これを分解・分節して、順々に答えを出していかなくてはならないのです。

これは、論文を殺人捜査にたとえてみれば分かります。刑事が犯人を突き止めるには、犯行現場を検証して、証拠品から犯人像を割り出すだけではなく、被害者の身元や交友関係を洗ったり、目撃者を探したり、過去の類似の犯罪を調べたり、各方面の捜査を別々に進行させなければなりません。つまり、「犯人はだれだ?」という「大クエスチョン」に答えを出すため、身元捜査とか目撃者探しとか犯罪歴といった「小クエスチョン」を別々に進行させ、最後にその答えをまとめて関連させることが必要になります。

論文もまったく同じことです。さきほどの砂糖の話にもどりますと、まずは歴史的に考えるという縦軸「捜査」が必要になります。しかし、その縦軸の「捜査」も、初めはフランス一国のこととして遡っていきますが、途中からフランスだけでは収まりきらずに、イギリスやアメリカ、アフリカなどの話も入ってくる。その結果、横軸にも捜査の範囲を広げていかなくてはならない。一方で、貿易構造なり経済構造の問題に関する「捜査」も進行させる必要がある。

このように、「大クエスチョン」に答えを出すためには、「大クエスチョン」を「小クエスチョン」に分割してそれぞれ答えを出しておいてから最後にそれを統合するという作業がなくてはならないのです。

ですから、五十枚から百枚くらいの卒業論文であっても、また何千枚という大論文であっても、「大クエスチョン」を分割して「小クエスチョン」にしていくと、どうしても、章割りという作業が必要になってくるのです。そして、その章割りの最低の単位が3という数字だということです。

〈連鎖式三章構成法〉

それぞれの章は、「大クエスチョン」を分割した「小クエスチョン」に答えを出すためのものだと言いました。したがって、どの章にも、「小クエスチョン」に対する「小アンサー」がなくてはなりません。

したがって、本論を三章構成にしたら、三つの「小クエスチョン」に答えを出していくのが先決となります。

しかし、それとは別に、前もって考えておかなければならないことがあります。それは「大クエスチョン」を分割してつくった「小クエスチョン」の並べ方です。

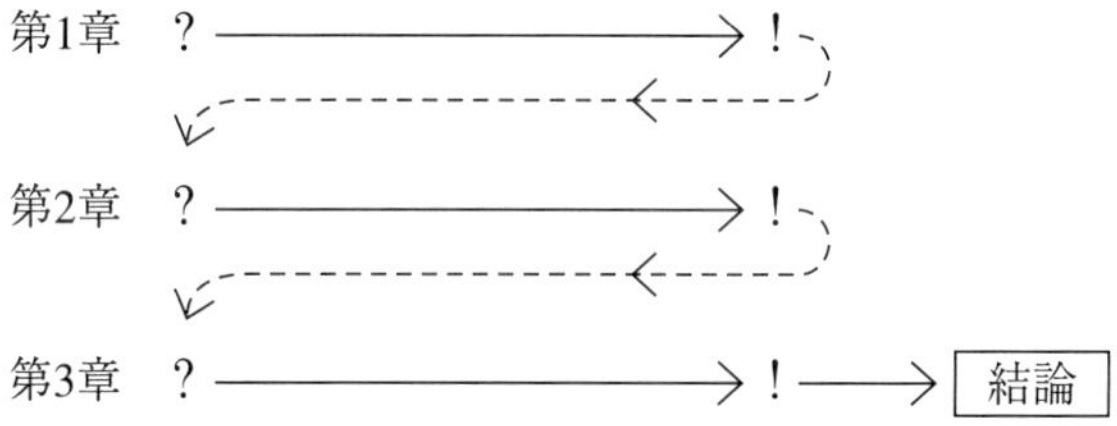

〈連鎖式三章構成法〉

これも殺人捜査のたとえで理解することができます。殺人課の刑事が何人もいて、事件が一つしか起こっていなければ、刑事たちは手分けして、聞き込みや、身元の洗いだしを同時進行させることができます。しかし、もし、一人の刑事しかいなかったらどうでしょう。その刑事は、各種の捜査を全部一人でやらなければなりません。となると、捜査のうち、どれを最初にして次に何をするか、できる限り論理的かつ合理的に犯人捜しが行われるように、各種捜査の段取りをつけておかなくてはなりません。

論文についてもまったく同じことが言えます。「小クエスチョン」をどのような順序で配置したら、もっとも論理的かつ合理的に、「大クエスチョン」に対する「大アンサー」が出てくるだろうかと考えることが必要になるのです。

最も理想的な配置は次のようなものでしょう。

すなわち、第一章の問いに対する答えが出たら、その答えが、第二章の問いを導く前提になる。第二章の問いに答えが出たら、それが第三章の問いにつながり、その答えが出ると、それが結論になってゆくという、連鎖式構成です。

このように、章から章へと、問いと答えが連鎖していけば、それは、ストーリー・テリングのうまい推理小説のようになり、とても読みやすい論文になるはずです。

しかし、残念ながら、こうした構成法は初心者にとっては非常に難しいものです。この構成を採用するには、熟練と才能が必要です。

ですから、論文初心者としては、次善の構成法に拠るべきかもしれません。

〈並列式三章構成法〉

この第二の構成法とはどういうものかというと、一章、二章、三章、それぞれ別々に「小クエスチョン」を提起して「小アンサー」を出し、最後にその三つの「小アンサー」を「大アンサー」にまとめるというものです。

また砂糖の話にもどって、並列式三章構成法をどう作るかを見てみましょう。

まず第一章では、地理・植物学という観点から砂糖を見ます。

砂糖黍は、亜熱帯以南のところでないと育たない植物です。つまりヨーロッパでは採れないのです。ヨーロッパの人々は、何を甘味にしていたのかというと、蜂蜜でした。そして、北の蜂蜜圏と南の砂糖圏はまったく交流がありませんでした。衣類に関してもこれと同じことがい

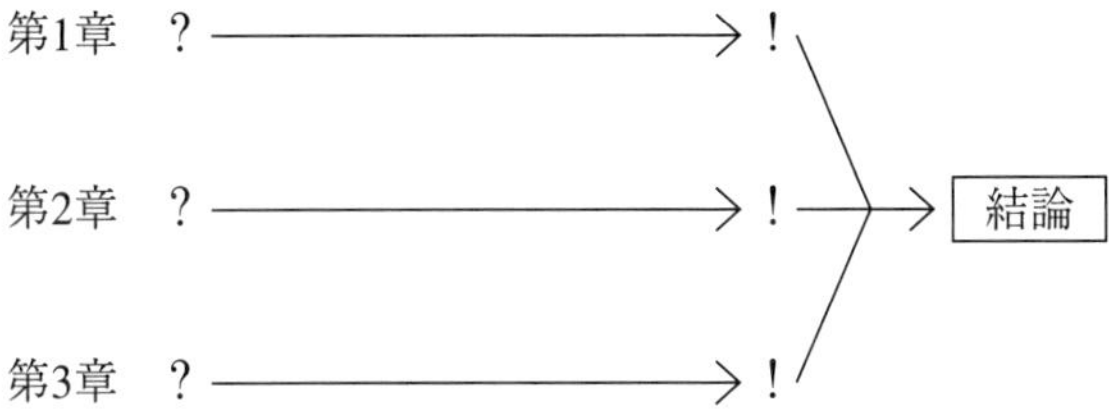

〈並列式三章構成法〉

えます。亜熱帯より南の地帯では衣服は涼しい木綿が中心でした。いっぽう、北では木綿はできませんので、毛織物が主体で、下着には亜麻（リンネル）を用いていました。まとめれば、気温の差によって、南は甘味は砂糖で衣服は木綿文化。これに対して北は甘味は蜂蜜、衣服は毛織物＋亜麻文化というようにきっぱりと別れて、二つは交流していなかったのです。

　このように、温度差とか植物学とか、そういう自然的要素の比較で歴史を遡って、ある程度の結論が出ると、では、砂糖はいつごろからヨーロッパに入ってきたのかという問題が起こってきます。まあ十字軍ということになるでしょう。しかし、十字軍以後も、砂糖はとても稀少なもので、薬種問屋でしか売っていなかったので、王様や病人だけが服用を許されたにすぎません。

　ところが、ヨーロッパで貨幣経済が進展していって、金持ちと貧乏人が出てくると、金持ちは、贅沢品を欲しがるようになる。少しでも旨いものを食いたい、いいものが欲しいということになります。

　ここまでくると、次の段階、つまり地理・植物学的観点の章を終えて、経済的な観点に問題が変わってきます。これが第二章になります。

非常に貴重な食べ物とか医療品を求めて、大航海時代が始まります。コロンブスやマゼラン、バスコ・ダ・ガマなどが求めたのは、ヨーロッパにない香辛料と砂糖、それに木綿です。砂糖も木綿も、大航海時代以前はベネチア経由でオリエントから入ってくるルートしかありませんでした。貿易には間に何人もの仲介業者が入るから、砂糖や木綿は大変な高値になりました。これを海路のバイパスで直通にして、大きく儲けようとしたのが大航海時代の始まりです。

しかし、インドやアジアから銀貨や金貨で砂糖や木綿を買っているうちに、ヨーロッパに金銀が枯渇してくる。それなら、植民地にしているアメリカや西インド諸島を開拓して、砂糖や木綿を作るプランテーションを作ろうということになる。その結果、エジプトあたりにあった砂糖黍と木綿の木をプランテーションで植えつけて、大量に砂糖と木綿が採れるようになった。

ところがそれで問題は終わらなくて、プランテーションで働くのは誰かということに話が展開する。最初のうちはインディオを奴隷にしていたのだけれども、インディオはモンゴロイドだから、私たちと同じく肉体が弱い。オリンピックでも、東洋人は苦戦しているでしょう。その結果、プランテーションのインディオは死に絶えてしまう。そこで、暑さのもとでも働けるのは黒人しかないということで、アフリカから奴隷を買って連れていこうとするわけです。

アフリカの黒人王国に行って、王様に銃を渡し、隣の部族を狩ってこさせる。それを奴隷として連れていく。その時、奴隷の代金として、銃と金ぴか細工を黒人の王様に渡す。ここに三角貿易の循環が成立するわけです。武器と金ぴか細工をヨーロッパから持っていく。それを渡して奴隷を受け取る。奴隷をプランテーションで働かせて、砂糖を得る。その砂糖をヨーロッパに運んでいく。ヨーロッパで砂糖を売って、それで銃を買って、また黒人の王様に渡す、という循環です。これが第二章で、ウォーラーステインの主張する世界経済的な観点からの考察です。

さて、第三章はどうするかというと、ここのところでの英仏の比較を行うことになります。フランスだけでなく、イギリスも砂糖のプランテーションを獲得していく。しかし、そのうちに、アメリカとインドの植民地で、英仏の抗争が起こってきます。これは、ヨーロッパでは七年戦争というかたちを取りますが、フランスはこのヨーロッパの戦争で負けたのが大きく響いて、北アメリカとインドの植民地の大半を失います。このことが、砂糖と木綿ばかりか、砂糖とコーヒー、紅茶といった嗜好品にまで大きな影響を与えることになります。インド植民地を取ったイギリスが紅茶を独占したのに対して、フランスは紅茶の植民地を失ったため、わずかに残った西インド諸島からのコーヒー専門になったのです。また、アメリカ植民地に綿花のプランテーションを得たイギリスは、その原料を使って綿織物工業を起こします。いっぽう、綿織物の原料のないフランスは毛織物に特化し、こちらのほうの産業を発達させることになります。

このように英仏両国は七年戦争を境に産業構造が変わったのだけれど、十九世紀の初頭にもう一つの変化要因が発生します。イギリス本土進攻を断念したナポレオンが大陸封鎖令を出したため、新大陸の産品がフランスに入ってこなくなったのです。中でも困ったのは砂糖でした。そこで、ナポレオンは砂糖ダイコンから砂糖を作ることを命じてこれに成功します。

ところが、ナポレオンが倒れて王政復古になると、今度は西インド諸島からの砂糖が大量に入ってきます。しかし、砂糖ダイコンの業者はそれでは困ると政府に保護措置を要求しました。その結果、フランスには、消費量を超えた砂糖があふれることになります。万事にケチなフランス人が砂糖の消費にだけは妙に寛容になったのはこうした経緯があったからなのです。

このように、三つの章を、それぞれ観点を変えつつ、各々の「小クエスチョン」にそれぞれの「小アンサー」を用意する。そして、最後に、その三つの「小アンサー」をまとめて、「なぜフランス人はあんなに贅沢に砂糖を使うのか」という「大クエスチョン」に答えられるような「大アンサー」を出してくればいいのです。

〈弁証法的三章構成法〉

これから扱う弁証法的三章構成法は、すでにさまざまな人がチャレンジしている問いに自分

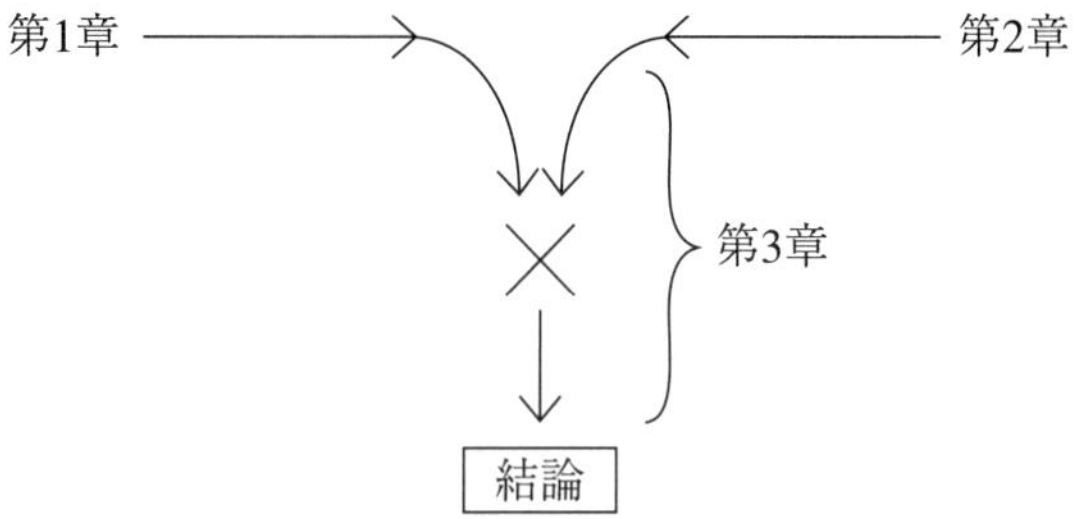

〈弁証法的三章構成法〉

も挑戦するときに適しています。

すなわち、準備段階で、いろいろな人がいろいろに述べている意見を大きくAとBのグループにまとめます。

そして、まず一章では、Aのグループの意見を検討し、これに批判を加えます。このとき、Aと対立するBのグループの意見を批判の基礎として使ってもかまいません。次に第二章では、Bのグループの意見を、こんどはAのグループの意見を以て批判します。つまり、ここまでは、どちらのグループの意見にも不十分な点があって、人を完全に説得するには至っていないと指摘するのです。

そして、第三章では、なぜ、ABともに説得的でないか、その理由を説明します。その方法にはいろいろとあるのですが、最も効果的なのは、AもBも、完全に対立しているように見えながら、その実、相互補完的な意見にすぎないということです。その根拠として、両者ともに同じ前提から出発しているが、その前提自体が誤った事実認識に基づいているのだから、どっちも同じくらいダメなんだと言って、背中合わせにして送り出してしまうのです。

そして、前提に再検討を加え、正しい前提というものを提起して、その土台の上に、まったく新しい意見を述べるのです。

これがいわゆる弁証法というものです。第一章に相当する部分が「正（テーゼ）」、第二章が「反（アンチテーゼ）」、第三章が「合（ジンテーゼ）」で、アリストテレス以来使われている議論の進め方です。ヨーロッパ、とくに、フランスでは、バカロレア（大学入学資格）の論文（ディセルタシオン）試験の準備として、この弁証法的な書き方をたたき込まれます。

例えば靖国問題なら、靖国神社の公式参拝に賛成とか反対とか議論しているけれども、賛成派も反対派も、はたして靖国神社とはそもそもなんであるか知っているのかと問いかけて、両者の前提を突き崩し、どちらも同じ穴のムジナじゃないかと切って捨て、そこから靖国神社とはなにかを再検証した上で、自分独自の考え方を披露すればいいのです。

この弁証法的三章構成は、論敵をなぎ倒すにはきわめて切れ味のいいもので、最近では、『文壇アイドル論』で斎藤美奈子さんが見事にこれを使いこなして、文壇ジェノサイドをやってみせました。

〈各章の内部の弁証法〉

ところで、こうした弁証法的論述法は、一つ一つの章の中でも使えます。というよりも、論述を進めるためには、必ずこれをやらなければならないほどです。すなわち、まず自分が取り上げようとする問題に関して、先行の研究者の意見があれば、これに別の先行者の意見をぶつけて反対する。次は、その反対意見の不十分性をあげ反証する。ついで、両者が拠って立つ前提を再考して、その前提を崩して、両論を一気に葬り去り、新前提を打ち出して新たな意見を打ち出す。これを繰り返すことで、論文は展開されていくのです。

その前提も大前提、小前提に分けられます。結論はこの二つの前提を並べるところから引き出されます。結論を崩すためには、この二つの前提を見直していくことが必要です。

例えば『人獣戯画の美術史』（ポーラ文化研究所）という本に書きましたけれども、十九世紀のフランスでは、動物とのアナロジーにおいて人間を語ることが好まれ、フーリエやアルフォンス・トゥスネルの論では、人間も動物も、容貌と性格とはだいたい一致しており、人間より動物の方がより性格が容貌によく出ているので、ある人間の性格を知るためには、その人が何の動物に似ているかを分類し、その動物の性格をあてはめればよい、ということが言われていました。

この理論に従えば、ライオンは立派な顔をしていて、強い。キツネはいかにも卑劣そうな顔をしているし、行動も狡猾である。牛は茫洋としている。だから、ライオンに似た人は強くて権力の座にいるとか、キツネに似ている人は狡いとか、牛に似ている人はぼんやりしていて人に使われるとかいうことになります。

この場合の大前提は、動物の容貌はその性格とよくみあっているということ。小前提は、人間には動物に似た顔の人がいるということ。で、結論はある動物に似ている人は、その動物と同じ性格を持っている、となります。

動物占いみたいだけれども、この理論はやっぱりおかしい。ではどうやってこの論を崩したらよいのかというと、さっき言った通り、前提を崩すのです。

まず大前提を崩します。ここで動物の性格と言われているものは、人間から見た性格でしかないわけです。この議論では、前提の中に結論がとりこまれている形になっています。動物の性格といっても、それは、人間が人間世界で見ている性格というものを、動物に付与しているにすぎない。だから、ライオンは猛々しくて立派だと言っても、ライオン自体から見たら立派でも何でもなくて、ただ一生懸命に生きているだけです。キツネだって狡いから狩りが上手いのではない。そういう生態なだけでしょう。つまり大前提そのものが間違ってたてられている、ということができます。

それからもう一つ、小前提を崩すという手もあります。動物の顔に似た人がいるといっても、動物の顔ができあがるまでと、人間の顔ができあがるまでは、進化の形態が全く違う。キツネの鼻が伸びているのは匂いを敏感に嗅がなくてはならないからですが、キツネに似た人がいたとしても、その人の鼻は匂いを嗅ぐためにとがったのでありませんね。発達の理論が全然違う。だからこの小前提も間違いです。

以上のようにして、これまでの議論を崩していくわけですが、先ほど言ったように、論文を進めるためには、これを何回も繰り返すのです。そうすることで、自分の論がより補強され、正しいということが立証されていくのです。

〈資料収集は他者の意見収集でもある〉

資料の収集の段階では、人の意見を収集するということも必要です。同じことを言っている人の意見ばかりを集めてはいけません。対立するものを含め、色々な種類の意見を集めておきます。できるだけたくさん収集したら、今度は内容の似たものをまとめ、何種類かのグループに分類する。その何種類かに分けたグループ同士を戦わせて、相打ちさせ、その上に自分の意見を築くのです。できれば、グループ分けした段階で、似たもの同士を戦わせて一次予選を行い、その中から最も筋の通った意見を選んでこれに代表させるとやりやすいと思います。

ここで、注意しなければならないのは、人の意見を例として挙げるときに、安易に単純化してはいけないということです。論争で相手を負かそうというときは、たいがい相手の言っていることを単純化して、ニュアンスなんかも削り取ってしまって、カリカチュアライズして攻めることが多いのですが、実はそれだと相手には大して打撃にならない。俺はそんなに単純なことを言っているのではないからね、と反撃されたらおしまいです。だから、むやみに単純化しないで、相手の意見の最も本質的なことを慎重にとらえて、それに反論をくわえなければなりません。

〈先行する意見がないときには、反論を自分で用意する〉

このように章の内部でも、先人たちの意見をたたき台として、問いかけと反証を行っていきますが、論文で取り上げるテーマがまだ誰も手掛けたことのないもので、先人の意見がないときはどうするか。

こういうときは、仕方がないから、自分で自分の論に対する反論を立てるのです。どんなに初めてのテーマでも、これは必ずやらなければいけません。

まず、自分で論敵を想定します。自分の論に対して、この論敵が加えるであろう反論を前もって予想して、それに答えるというかたちを取っていきます。これは絶対に必要な手順なのです。これができていない論文は、ほとんど無効と言っていい。

論文というのは、基本的に、常に対話なのです。

自分の中のAが何かを言う。すると自分の中の別人格であるBが、ちょっと待てよ、それはおかしいんじゃないの？　と反論する。こういう考えもあり得るんじゃない？　というふうにね。そしたら、いやそうじゃない、とAがまた反論する。すると、今度はBがさらなる反論を用意する。こうして、最後には、Bの反論にAが競り勝って、Bも納得するというように運んでいくのです。

読者を納得させるためには、自分の意見に対して最も強力な反論や疑問を出して、それに勝たなければいけませんが、このとき反論や疑問が安易なものだと、議論も安易なものにしかなりません。よく、選挙のときの政党の広告や宗教の勧誘パンフレットなどに、こうした対話形式の議論が載っていますが、その中の反論のレベルがあらかじめ低く抑えられているため、ちっとも説得的に感じられないでしょう？

相手を納得させるためには、相手の出しうるであろう最高の反論に勝たなければなりません。自分の意見に対する最も強力な反論というものを予期して、それをクリアしなければならないのです。

つまり厳密な論文を作るということは、いかに強力な反論を自分で用意し得るか、ということにかかっています。自分の意見に対する反論を、想像力でくみとる。ある意味では自分との闘いになりますね。

ただし、あまりに強力な反論を予期すると、それに論駁できなくなって、そっちの方が勝ってしまうことがあります。これでは仕方がない。自ら負けを公言するために論文を書く必要はありません。相手の方が正しかった、という結論になってはいけないので、そこのところはなかなか難しい。自分の力との相談ですね。けれどもこういった議論のせめぎあいがなければ、論文は説得力あるものにはならないのです。

反論するときには、さきに述べた通り、それの拠って立つ前提を突き崩すのがベストですが、前提が強固に築かれていてそこには反駁の余地のないときもあります。そうした場合は、論理の展開の仕方そのものを検討してそこに無理や強引さを見つけて、これに反論するのが良いでしょう。

〈前提の崩し方〉

しかし、議論に勝つためには、繰り返しますが、相手の前提を崩す、これに尽きます。

では、前提を崩すというときの前提とはなんでしょう?

前提は、大なり小なり、事実(ファクト)の観察に基づいています。

文学論であれば、文学作品の内容がファクトに当たりますし、歴史でしたら、過去に起こった史実がファクトです。前提というのは、こうしたファクトを観察し、そこに類似と相違を見てとって、これを議論の出発点にしたものと見なすことができます。これは、第二回の時にお話しした、問いの見つけ方と同じなのです。

つまり、先行者の前提を崩すというとき、それは先行者が依拠したファクトのレベルまで自分も降りていって、先行者が問いの出発点とした類似と差異の認定が正しいかどうかを再確認し、そこに誤りを見つけるということになります。言いかえれば、先行者の問いの立て方が正しかったか否かを見ることです。

したがって、前提を崩すときには、未問の問いを見つけるときと同じことをすればいいのです。すなわち、視点を縦横に移動してみるということです。通時的に歴史をさかのぼるか、あるいは共時的に観察の範囲を広げるということです。

これによって、相手の前提があっという間に瓦解することがあり得ます。太古の昔から決まっていたと思っていたものが、意外と最近決まったものだったり、あるいはその逆に最近の決まりごとだと思われていたことが太古からあったりします。また、その地域固有の現象と思われていたものが、じつは少しも固有ではなく、隣の国に行けば変形した現象が観察されるというようなことはいくらでもあるのです。

例えば、英語とフランス語に同じ諺があるとします。これは英語とフランス語が交じり合ったノルマンジー公ウィリアム（ギョーム）のノルマンコンケストから生まれたものだとAさんが主張すると、Bさんは、ラテン語にさかのぼれば、そんな諺は簡単に見つかる、両者は同じ語源から生まれたのだから当たり前と反論します。しかし、Cさんは、前提となるファクトをさらにさかのぼって、印欧語の語源であるサンスクリットから観察してみます。そして、その諺のもとになるインド説話があったことを実証します。このように、より遠くまでさかのぼって、本源をついたものが勝ちになるわけです。

〈常識から自由になる〉

相手の前提を崩そうとするときに注意すべきは、前提となるファクトまで降りていったつもりで、結局、相手と同じ土俵で相撲を取ってしまうことです。同じ土俵というのは、一般常識のことで、これに捕われていると、前提を崩すどころか、自分までが同じ穴のムジナになってしまいます。ですから、常識を覆す、常識を問いなおすということが、前提を崩して議論を進める第一歩になります。

具体例で見てみましょう。

例えば、ワインと言えばフランス、それもブルゴーニュとボルドーと決まっているというのが常識です。しかも、二大産地のボルドーとブルゴーニュはローマ時代からワインの名産地として知られていたことになっています。つまり、ボルドー・ブルゴーニュというフランス・ワインに対する神話が存在するわけです。

しかし、それは本当のことでしょうか？　常識、神話は揺るぎないものなのでしょうか？

この場合、前提を疑う方法としては、ごく普通に歴史的にさかのぼって、「ワインと言えば、ボルドーとブルゴーニュ」という神話ができたのはいつなのか、と考えます。

それで、ファクト調べを行って文献にあたってみると、意外な事実が分かってくる。

じつは、ボルドー・ワインというのは、十八世紀までの文献、パリを中心とする文献にはほとんど出てこないのです。小説や戯曲の中にも、またグルメ関係の記事の中にも、ボルドーがパリで飲まれているという記述は出てこない。ほとんどがブルゴーニュ・ワインか、あるいはイル・ド・フランスのパリ周辺でとれたワインについてです。これ以外のもので出てくるのはポルトガルの先のほうにあるマデイラという島のマルバシア・ワイン、それからスペインのマラガ・ワインなどです。

もちろん、当時から、ボルドーがワインの名産地であるということはパリの人間たちにもわかっていたのですが、現代のボルドー神話につながるようなボルドーの記事は見つからないのです。

そこで、とりあえず、ブルゴーニュ・ワインはなぜ中世の昔からパリの文献に出てくるのか、と考えてみることにします。これは単純なことで、昔はどうやってワインを運んだかを考えてみればいいのです。ワインを運ぶとき、大昔は甕、それから樽になりました。ガラスビン製造の技術は、後代になってベネチアなどから徐々に入って来たにすぎません。規格に則った同じ形の瓶を大量生産できるようになるのは、かなり最近のことです。

ちょっと余談ですが、同じガラスでも、瓶より板ガラスの方が作るのが難しかったのは知っていますか。ガラスは、高温で溶けた原料を吹いて作ります。瓶はそのまま作れますけれど、板ガラスは、風船のように丸くなったものを切って広げるしかない。工業的に板ガラスを作る技術ができるまでは、こうして作っていました。日本でも、明治時代に建てられた家のガラス窓を調べてみると、微妙に厚みに差があって、外の風景が少し歪んで見えるのです。

話をもどしますと、ワインは昔、甕とか樽とかの大きな容器で、一度に大量に運ばれていました。ところで、ワインは液体ですから重い。こんなに重いものはないというくらい、重い。その重いものを大量に運ぶ方法は、唯一船でした。ワインは船便でしか運べない。したがって、パリがいかにワインの大消費地であっても、ワインは船で運べる産地からしか運搬できなかったのです。パリは内陸部にあるし、海洋技術が発達していない時代ですから、船便というのはほとんどが河川の船でした。

河の場合には、色々な技術が昔からありました。たとえば、ほぼ平らで、ほとんど水流のないところや、流れと逆に進む場合、河川の場合は曳航をすることができます。曳き船ですね。

河の両脇の土手に道を作って、馬を走らせる。浮かべた船をその馬に繋いで曳かせるわけです。この道を曳き船道といいます。「ボルガの船曳き歌」というのがありますが、ロシアでは馬ではなくて、人間が曳いていたということです。

ブルゴーニュはパリと河でつながっているので、ブルゴーニュ・ワインは昔からパリに大量に入ってきていました。これに対して、ボルドーは南の方にあって、パリまで河で来ることはできません。いったん大西洋に出なければなりませんが、パリに行くくらいだったら、海を渡ってロンドンへ行く方が早い。

それに、もう一つ、ボルドーは三百年間、イギリス領だったという事実があります。フランスがまだイル・ド・フランスを中心とする小さな王国に過ぎなかった十二世紀、ボルドーを首都とするアキテーヌ公国という独立国があって、アリエノール・ダキテーヌという女王が治めていました。この女王はいったんルイ七世というフランス王と結婚したのだけれど、離婚し、あらためて、別の独立国だったアンジュー伯領のアンリと結婚しました。ところが、このアンリが相続でプランタジネット王朝というイギリスの王様ヘンリー二世になってしまったので、アキテーヌの領地もイギリス領になってしまったのです。この関係でボルドー・ワインはほとんどイギリスに運ばれていたので、フランスの文献には登場しなかったのです。

だから、ボルドーとブルゴーニュがフランスの二大ワインであるという常識はおかしいんで、ここを衝けば、前提は崩れるわけです。

〈結論を急ぐな〉

では、ボルドー・ワインがパリに入ってくるようになったのはいつかというと、意外に新しく、鉄道ができてからだということです。では、鉄道開通という要因だけで、ボルドーはフランスの代表的なワインとして登場したのでしょうか？　かならずしもそうとはいえません。ここには、もう一つ、考慮しなければならない要因がある。それはナポレオン三世という皇帝の政治的思惑です。

このように、いったん、議論が終わりそうになったら、いや、そんな簡単にケリがついていいのか、とツッコミを入れることが必要です。

いっぱんに鉄道敷設には人為的な操作がからむのが普通です。最近の高速道路建設でも明らかなように、政治家の利益誘導がある。ボルドーの鉄道開通も同じことで、そこには政治的な配慮があったということです。

ボルドーに鉄道が敷かれたのはナポレオン三世（当時はまだルイ・ナポレオン）の影響力行使によるものです。これは彼のおじさん、つまりナポレオン一世の代からの因縁がありました。ナポレオン一世が大陸封鎖をしたときに、一番損害を受けたのが、ボルドーからイギリスにワインを運んでいた業者でした。

ボルドーの業者の人たちはナポレオンを激しく憎んでいました。そのため、甥のルイ・ナポレオンのことも憎むようになる。ルイ・ナポレオンとしては、クーデターで政権を握ったときに、自分を一番憎んでいる人たちを懐柔するために、まず、ボルドーに鉄道を通したというわけです。

でも、それだけではない。ここでも、もう一回待ったをかけて見直してみる必要があります。政治的な配慮は単に鉄道敷設だけではなかったのではないか？

ナポレオン三世には、ボルドー・ワインを世界的に広めるという極めてはっきりした意図がありました。なぜなら、イギリス滞在が長かった彼はボルドー・ファンになっていたからです。

そのために選ばれた手段が、万国博覧会でした。ナポレオン三世は一八五五年のパリ万国博覧会開催に当たって、産業振興の展示の一環として、ボルドー・ワインの格付けをボルドー商工会議所に要請しました。この格付けによって、ボルドー・ワインの評価が世界的に一気に高まることになり、それ以降、ワインといえばフランス、フランス・ワインといえば、ボルドーとブルゴーニュという神話が生まれたのです。

このように、ある程度の結論が出そうになっても、そこで終わりにしないで、もう一度見直してみる。これが議論をより深いところへ進めていくコツです。自分の議論がおわりそうになったときに、もう一度クエスチョンをかけてみる。三段式ロケットみたいなもので、問いを出して先に進む。進んだところでもう一度問いをかけて、そこからさらにドーンと進む、その問いの答えが出たところでまた問いを出す、というように結論を急がず、何度でも前提を確認して、問いなおして進んでいくと、より本質的な答えに行き着くことができるのです。

この意味で、論文というのは自分との闘いに終始します。自分で想定する反論との闘いばかりではなく、結論を出すのを先にのばしていくという闘いです。すぐに結論を出したがる人の論文は切れ味は鋭いのだけれども、中間的な検証をとばしてしまうから、結論が面白くても説得力に欠けることがよくあります。

すべての段階で、自分の出しかかった結論に待ったをかけて、前提と論理の進め方が正しいかどうかをもう一度検証してください。そして、その検証のあとで議論を進めなおすことが大事です。そうしないと、前提という土台がしっかりせず、ぐらぐらの前提に乗った結論は、すぐにゆれたり崩れたりします。

本論の書き方は以上のようなところです。論文は常に対話であり、自分との闘いであるということを忘れずにいることがポイントです。

〈本論の書き方もプレゼンテーションに応用できる〉

　このような本論の書き方は、いうまでもなく、プレゼンテーションに応用できます。章立ての構成法でいえば、連鎖式三章構成法と弁証法的三章構成法が好ましいタイプです。連鎖式なら、話が物語のように続くから、とても理解しやすい。また弁証法型なら、相手のいいそうなことをあらかじめ反論として想定していますから、これも使いやすい。

　しかし、本論の書き方で一番、応用がきくのは、上役や出資家が言い出しそうな反論に答えるための技法でしょう。とりわけ、相手の前提を衝き崩すための技法は役にたちます。すなわち、相手が依拠しているファクトや常識に揺さぶりをかけ、具体的な事実（数字）の論拠をもってこれを否定するのです。とりわけ有効なのが、視点を縦横に移動してみるということです。通時的に歴史をさかのぼるか、あるいは共時的に観察の範囲を広げると、相手の前提があっという間に瓦解することがあります。

　例をあげてみましょう。私がいま新しいビジネスとしてトイレ掃除請負を考えているとしましょう。トイレ掃除というのは、商売をやっている以上、是非ともやっておかなければならない仕事ですが、当然、進んでやろうという気にはなれないものです。そこで、それほど高くない金で外注に出せるなら、そうしたいと思うのが人情です。

　しかし、こうしたビジネスモデルを話すと、かならずや、そんな請負業務ならすでにやっている会社はいくらでもある、現に、うちの会社の入っているビルはトイレ掃除は外注だという反論があがるはずです。

これに対して、私はまず、横軸の視点移動で反論します。

たしかにトイレ掃除の請負業はすでにたくさんある。しかし、それは、大きな貸しビルの共用部分の便所であって、小さな個人営業の店の便所ではない。ところで、本当にトイレ掃除を必要としているのはこうした小規模店なのだから潜在的需要はある。これが、視点を横軸に移して出る前提崩しです。

すると、今度はこういう反論が出てくるにちがいありません。

なるほど、小規模店ほどトイレ掃除の必要があるのは認める。しかし、そうした個人営業の店では、店主か奥さん、あるいはアルバイトが自分でトイレ掃除するはずではないか？

この反論には、縦軸の視点移動で答えることができます。

たしかにそれはその通りだ。しかし、個人営業の店では、トイレ掃除は開店前とか閉店後の客のいない時間しかできない。だが、考えてみると、そうした店で一番トイレが汚れるのは、昼食時と夕食時、つまり、店主や従業員が手を離せないときではないか。一番客が立て込む時間にこそトイレが汚れるから、トイレをきれいにしておかなければならないのに、それができないでいる。ということは、ここに有望なニッチがある。

たとえば、いま、アルバイト学生や失業したサラリーマンを集めて、三分間あれば便所をきれいに掃除するテクニックを身につけさせる。この掃除のプロをピーク時に店に派遣し、客を装ってトイレに入らせ、そこで掃除をすませるようにさせる。なお、その掃除プロには、清掃員のような格好ではなく、普通の背広姿などの一般服を着せて、店に入るように指導する。こうしておけば、他の客は、トイレが清掃中だとは気づかないし、しかもトイレがいつもきれいなので店に好印象を抱く。

とまあ、こんな風にして、新しいビジネスモデルを説明するときに、視点を縦横の軸に移動させて、反論の前提を崩していくのですが、これも、学生時代に論文の書き方をしっかり学んで、前提の崩し方を知っていればこそできることなのです。

(三)　結論の書き方

結論の書き方は、最初に述べたように、いたって簡単です。本論の議論で得た「小アンサー」を大きくまとめて、最終的な結論を出せばいいのです。しかし、このとき、それが、序論で示した「大クエスチョン」と対応しているかどうかは、しっかりと確認してください。

ときによっては、本論で議論を進めていくうちに、序論で提起した「大クエスチョン」と最終的結論がずれてきてしまうことがあります。こうしたときには、序論をもう一度書き直して、

「大クエスチョン」を最終的結論と一致させるのが普通です。

しかし、それをやると、今度は本論にも修正を加えなければならなくなりますから、本論で議論を進めるときには、自分は、最初の「大クエスチョン」とずれていないかどうか、常に確認しながら進むといいでしょう。

〈望ましい結論とは〉

この講義の一番最初に、論文を書くときは、まず問いを立てること、その問いの立て方で、論文のよしあしは大体決まってしまうという話をしました。いかに良い問いを立てるか、それが一番の重要な課題であることは、繰り返し述べた通りです。

誰でもが感じているような、基本的で本質的なもの、それでいて誰も追求しなかったことについて、根源的な問いを立てる。次は、その段階で、ある程度の予想をつけて、仮説を構築しておく。仮説ができていないのに論文を始めてはいけません。

仮説を証明するためには、いくつかの方法があることを示しました。仮説、サンプル収集、論文の構成法と、順々にたどってきて、いよいよ結論を出す、というところまで来ました。

ところが、その予想通りの答えがきちんと出てしまうと、それは、私としては、どうも面白くないんですね。

こう言ってしまうと変に聞こえますが、仮説通りの答えが出てしまう論文は、本当に面白い論文ではないのです。

じつは、本当に面白い論文というのは、仮説のさまざまなことを実証していく過程で、仮説通りになりかかったけれども、一度検討し直してみたら、予想の展開と違って、仮説よりももっとすごい答えが出てきた、という場合なのです。

これは推理小説と同じですね。いかにも犯人そうなやつがいると、読者は逆にこれは犯人ではなかろうと思って読む。むしろ、隅の方で何も言っていないようなやつが意外に犯人かなと思い返す。ところが、最後に種明かしされると、そいつでもなくて、また最初から怪しかったやつでもなく、思いもかけなかった奴が真犯人というドンデン返しがなければ、いい推理小説とは言えないでしょう。

だから、論文を進めていく過程で、自分の仮説を色々検証していくうちに、今までの誰とも違うだけでなく、自分の仮説をも覆してしまうような、そういう結論にもっていければ、これは最高です。

そのためには、本論の時の講義の繰り返しになりますが、自分の出した暫定的な答えというものに、ところどころで、チェックを入れてみることです。一番いけないのは、仮説に固執して、思い込んで議論を進めてしまうことです。

これは、刑事が、証拠をろくに見ないで、犯人に目星をつけて、見込み捜査をするようなものです。常識的に見てこいつが犯人だろう、犯人臭いぞ、という思い込みで捜査をしてしまうと、本来は裏を取らなければいけなかったり、証拠吟味をしなければいけないところをネグレクトしてしまう。そして何かとんでもない読み違いをしてしまうということになるのです。思い込みがあるために、初動捜査で、肝心な証拠を検証し落としてきてしまうのです。

論文もこれと全く同じで、自分の仮説と合わないような例外とか、瑣末なくいちがいとかを切り捨ててしまうと、そこで大事なものを見落としてしまうことが非常に多い。だから、仮説にとらわれないで、常に細心の目配りをするようこころがける。

フランスの学校では、論文指導のときはこういう訓練をかなり徹底してやらせています。自分の出した仮説に疑いを入れてみろという練習です。ところが、この練習をやりすぎると、どんなことにも必ず留保をつける癖がつく。こういう人の論文を読んでいると、留保をつけるのは結構だけれど、あなたの結論は一体どっちなの、と尋ねたくなります。

フランス系の論文は、留保、留保につぐ留保で、結論も留保でしかないようなものが多い。なぜ、こんなことをするのかというと、自分自身で反論を用意しろという例の約束事のせいもあるのですが、それ以上に、「保険を掛ける」という意識が強い。つまり、私は断定したのではなく、ちゃんとその反対の考え方もあると示してあるでしょう、と逃げをあらかじめ打っておくわけです。

しかし、本来なら、留保をつけたら、その留保を解決しないと先に進んではいけないというルールを自分で作るべきなのです。そうしないと本当は何が言いたいのか、読者はわからなくなる。

文学系のような非自然科学系の論文は、結論が一つとは限らないものだとはいえ、あまりにいろんなところに留保が付けられていると、読者はしらけてしまいますね。あんまり保険を掛けるなよ、といいたくなるのです。

そうかといって、簡単に手際よくすっぽと片づけてしまうと、非常に独断的な、身勝手な論文ということにもなりかねない。このへんは難しいところです。


〈結論は短く単純にする〉


さて、結論を出すというところにもどりますと、連鎖式三章構成法なら、一章の答えが二章の前提となり、二章の答えが三章の前提となるという構造ですから、順番に一つずつ論を進めていけば、すんなりと結論に落とせるわけです。

けれども、一つ一つの章が独立して別のことを論じている並列式三章構成法だと、結論に至る前に、その三つの別々のものをまとめる箇所を作らなければならない。そうしないと、三通りの答えが出たようになってしまって、読む方にも曖昧なことしか頭に残らないことになります。その三つを合わせるだけではなくて、合わせたところで、さらに飛躍が生まれて結論になだれ込むというのが理想です。飛躍がないままだと、結論は何となく茫洋としたものになってしまいます。

最初の問いは単純なのが良く、結論も、単純な方が良いのです。ですから並列式三章構成法の場合は、色々錯綜して出てきた答えを、一つの単純な答えに向けて収斂する、エッセンスをギュッと抽出して、さらなる結論にみちびくという過程が必要です。

では連鎖式三章構成法ならまったく問題はないかというと、じつは、こちらにも問題はあるのです。この構成法では、論を先に進めることが優先されますから、途中で設けた留保や一時棚上げを解決しないで終わってしまうことが多いのです。ですから連鎖式三章構成の論文を書いたときには、もう一度、全体をふりかえってみて、カッコに入れておいた部分を改めて処理して、最終的な結論と、そのカッコの解決が合うかどうかを検証しなくてはいけません。

並列式でも、連鎖式でも、結論というものは本当に短くていいのです。単純な問いに単純な答え。これがベストですね。

ただ、そこに至る過程が複雑になるのはしようがない。単純な答えが欲しいけれども、その単純な答えを手繰り寄せる過程は、すごく複雑になるということです。

たとえばフロイトの夢判断の理論。あれは問いも結論も簡単でしょう。初めの問いは「夢とは何か」だったのが、出た結論はといえば、「人間には非常に強烈な性欲があって、その性欲をごまかすために夢が出てくる」という単純なものです。

ただ、そこに至る過程がなかなか複雑で、いろいろと錯綜した問いと答えが出てくるのです。これは、単純な問いに答えるために、分節化したのですが、その分節化が複雑になったので、全体として複雑な印象を与えたのです。

したがって、この種の、途中が複雑になる論文は、もう一度もとにさかのぼって総括し、複雑さを単純なところに収斂させていく努力が必要となります。

しかし、そういうふうに単純に総括できない場合もあります。へたに簡単な結論にしようとすると、無理が出てきてしまう。せっかくグッド・クエスチョンで、分節化して、面白いものがいっぱい出たんだけれども、それを妙に単純な結論に持っていこうとすると、変につまらない結論に落ち着いてしまうということになりかねない。

ですから、結論は単純なのが良いとしても、無理に単純化しようとするのは危険が伴うということです。

〈論文を書き始める一番良いタイミングは?〉

さて、こうして、いよいよ、結論を出し、論文を締めくくったとしましょう。このほか注付けとか、文献目録の作成とか、諸々の雑作業が残っているのですが、そうしたことは、他の「論文の書き方」に出ているので、この本では省略することにします。つまり、これで論文を書くことはすべて終わったということです。

しかし、本当にこれで全部、終わりでしょうか?

じつは、そうではないのです。

というのは、論文を書き終わった瞬間というのは、自分の論文の欠陥が一番はっきりと見えてくるときなのです。ここはああすればよかった、いや、ここもいかにも論証が甘い、この部分は論理の展開に無理がある、などなど、書いた当人が最も明晰に欠陥を意識し得る立場にいるのです。

したがって、本当に良い論文を書きたいと思ったら、論文を書き終えた瞬間に、そこからもう一度、初めから書き直すのがベストなのです。一言でいえば、論文を書き始める一番良いタイミングとは、論文を書き終えたときなのです。

というわけで、論文を書き始めるなら早目に始めるに越したことはありません。書き始めてみないと、自分が何を書きたいのか、またどう書きたいのかがわかってきません。人間は書くことによって考え、考えることによって書く動物です。

なにはともあれ、とりあえず書き始めてみる。この蛮勇が論文作成にはなによりも必要なのです。

〈論文の組み立て方　練習と添削〉

さて、前回には「問い」を出してもらって、それをチェックしましたね。そして、それをもとにして、今回は論文の各章の構成をラフでいいからスケッチしてこいといいました。で、そのラフなプランをみなさん作って来ましたか？　なに？　Aさん一人だけですか。まあ、いいでしょう。見せてください。

Aさんの〈序論と本論の構成〉

テーマ

「日本人は、明治維新までの服装で、なぜアクセサリーをしなかったか」

〈序論の構成〉

・美術館の西洋絵画を見ていると、人物を描いた絵で目をひくのが、豪華な宝飾品である。各国・各時代それぞれのアクセサリーは、エリザベス一世の「体中宝石だらけ」から、クラナッハの「素裸だが宝飾だけはすごいものをつけている」までさまざまである。

・首輪・腕輪・指輪・耳飾りなど、アクセサリーは世界のどこの服装でも華々しく登場する。特に、男性のスーツが世界的なユニフォームになる前は、女性だけでなく男性も多くの宝飾品をつけていたことが、肖像画などの資料からも分かる。
・現在の日本では、女性がアクセサリーをつけるのは一般的である。デパートの中でも、宝飾品売場は大体いい場所を占めて、まず目につくようになっている。だが、これは幕末から明治維新に、洋装を取り入れてからのことであって、それまでの日本の服装に、櫛や簪など頭部につける飾り以外の宝飾品はなかった。
・先史時代から、古代オリエント、エジプト、ペルシャ、インド、中国、スキタイ、クレタ、エトルリア、ガリア、ケルト、ビザンチン、もちろんギリシャ・ローマからキリスト教ヨーロッパまで、アクセサリーのない文化はないように見える。つまり、日本の「アクセサリー空白」は、世界的に見ると、非常に珍しい現象である。
・縄文時代から弥生時代までは、日本人も多くのアクセサリーをつけていた。それが飛鳥〜白鳳時代に姿を消してしまう。その後十六〜十七世紀にポルトガルから指輪が伝わった形跡はあるが、キリシタン禁令と共に消えている。幕末に長崎で指輪が輸入されて、江戸の遊女がしていたという記録があるが、アクセサリーが一般化するのは、洋装と共にであった。
・約千百年間のアクセサリー空白は、物理的・歴史的・宗教的など色々な観点から考えることができる。「アクセサリーのない文化」として、日本文化の特色をさぐることができよう。

鹿島　まず初めに「アクセサリーとは何か」という定義をもっとはっきりさせておく必要がありますね。同じ身を飾るものでも、髪の毛につけるもの、手足や首につけるもの、それに身にはつけなくても大切にする宝石など、アクセサリーという言葉の外延がどこまでなのかをしっかりと決めておかなくてはならない。だから、まず序文でこの定義付けをやっておく。「アクセサリー」と言う場合は、何を指すのか、どういう条件のものをアクセサリーと呼ぶのかを限定しておかないと、範囲が無限に広がってしまいます。また、身につける物とする場合でも、機能や意義をそれぞれおさえておくことが必要。さもないと、色々なものがごちゃごちゃになって、分類もできなくなってしまいます。もう少し狭義に限定しておく必要があります。コーパスの限定ですね。

・本論では、

(1) 日本からアクセサリーが消えたとき——いつごろ、どういう理由でなくなったか

(2) その後明治まで復活しなかった経緯——物理的・政治的・感性的な面から見る

(3) 世界の他の地域と比べたときの、東アジアの美術と宗教——日本に大きな影響をもた

らしてきた中国と韓国の事情をさぐる
の三つの項目で、歴史的な美術品や資料などを比較しながら考える。

鹿島　章立てにかんしては、（1）と（2）はとてもいいと思うんだけれども、（3）がちょっと異質ですね。なぜかというと、（1）と（2）は、前に言った連鎖式三章構成法なんです。おそらく（1）で出した結論が（2）の前提になるんでしょう。だから、本来なら、（3）は、（2）の結論を受けて、新しく問いが立てられ、そこから決定的な結論へと行くという方向に行くべきなんです。ところが、（3）はむしろ、並列式三章構成法にこそふさわしい章になっている。

じつは、こうした構成法を取ってしまう学生はたいへんに多いのです。なぜかというと、三章構成、三章構成とそればかり考えているから、どうしても三章にしなくてはいけないという思いが先に立つのだけれども、実際には、もうアイディアが二つの章で出尽くしてしまっているので、三章にはとってつけたような章が来てしまうことが多い。

ですから、本来は、（3）は（1）の「アクセサリーが消えたとき」の章に含めてしまうべきなんです。というのも、この章でアクセサリーを論じていると、必ずや、外国、例えば、中国やインドあるいは西域といったところの影響という問題が出てきます。そこで、ヨーロッパも含めて、日本と外国の比較をやっておく。

では、(3)には、どんなことを書いたらいいかといえば、さらに本質的な考察が欲しいところですね。(2)で出した結論を前提として、そこからさらなる問いを立てるようなかたちで(3)に繋がらないと、迫力のある論文にはならないですね。

〔本論の構成〕

(1) 日本からアクセサリーが消えたとき

A ・縄文時代には貝やヒスイなどの装飾品があり、出土している。

・弥生時代には、大陸からの影響で、青銅、銀(輸入)、琥珀、水晶、瑪瑙、ガラス、碧玉、雁木などさまざまな材料のアクセサリー文化が花開く。

・それが消えるのは、飛鳥～白鳳時代に唐の文化が採り入れられ、律令が制定された時である。冠位十二階で、色で身分を表す布の帽子が決められ、それ以降の度々の法律規定で、男性も女性も、身分に応じて服装を詳細に決められていった。

・中央集権が確立し、律令が決められ、それから逸脱するものは禁止されたので、アクセサリーも消えたのか?――× 低い身分の者には禁令が出ても、上の身分の人まで禁令になるのは変なのでは。中国でもエジプトでも、高貴な身分の人は宝石だらけである。

B

・唐衣の流行――唐の衣装はアクセサリーをつけるのに合わないので、消えたのか？――×　それ以降衣装が時代と共に変わっても、アクセサリーは復活していない。

・冠の定着――服装と同時に、髪形も男女ともに結うことが決められ、それに伴って冠や簪（櫛）は美しいものをつけるようになった。

・ところがこの後、国風文化が中心となり、衣装も国風（十二単）になると、さらに女性は結髪をやめ、飾りのついた冠もしなくなる。唐風が消えると、ますますアクセサリーから遠ざかったのである。

C

・呪術的（お守り的）な意味合いや、指輪の印章などのように、機能的な意味合いがなくなったので消えたのか？――×　装飾として、人が身を飾るという一番の意味合いがあるのでは。この時代の美意識が、大陸からの影響を強く受けていたとすれば、五〜六世紀の百済・新羅で高度な発達をとげていたアクセサリー文化とは明確に別れている。

（1）のまとめ↓　きっかけとしては、律令による身分の決定と、それに伴う服装制定は大きかったであろう。だがそれと同時に、本来アクセサリーで身を飾ることとは合わない、何らかの感性が肯定され、定着したのではないか。

（2）明治時代までアクセサリーが復活しなかった理由

Ａ　・物理的な理由——日本ではダイヤモンドやルビーのような、高価な宝石が採掘されないので宝飾が発達しなかったのか？——×　世界の他の国々では、宝石以外のもので作られたアクセサリーがたくさんある。

・逆に、宝石や金は希少なもので、アクセサリーとして高い身分をあらわすために、または財産として流通するために高価になったと考えれば、ダイヤモンドに変わるものが流通してもおかしくはない。だが、真珠や珊瑚のような宝飾に適している材料がありながら、日本人はそれを様々な工芸（家具・調度品・道具など）にはしたが、人体の装飾（近世の簪をのぞく）にはしなかった。

・財産としてのアクセサリーを見ると、「財産を身にまとってステイタスを誇示する」

という習慣がなかったので、アクセサリーが不要だったと考えられる。貨幣以外で財産として流通していたのが、金・布・米などであった。布は律令制度の制定当時から、税として決められていたように、実用とともに財産であり、様々な布が発達している。

・財産を身にまとう習慣については、遊牧・狩猟民族と農耕民族の差という説もあるが、古代エジプトや中国のように、農耕文化でアクセサリーが発達しているところもある。

鹿島　ちょっと本筋とは関係がないかもしれないけれど、この財産として流通していたのが布であったというところ、この場合の布は何ですか。

A　あ、そこまでは考えていませんでした。おそらくは絹だと思いますが。

鹿島　絹は、江戸時代の中頃までは、日本ではほとんど作られていなくて、鎖国時代にも初期には、中国から輸入されていたんです。逆に、日本からの輸出品は金銀銅、なかんずく銅でした。その交換として、絹が入ってきたんです。日本で絹を作るようになったのは、江戸時代も中期以降、鎖国で多量の絹を輸入できなくなって、国内生産に励むようになってからです。布のことは確認しておいた方がいいかも知れない。

それから財産を身にまとうことについては、遊牧だけでなくて、ヨーロッパ大陸の場合は異民族が押し寄せてくる可能性があるから、いつでも財産を持って逃げられるよう身につけていなければならないということがありました。中国人のアクセサリー好きも、異民族の侵入という要素がかなり関係している。まあ日本でも、人によっては歩く資産公開みたいな人もいますけれどもね。でも日本では、異民族が来て逃げるということがなかったから、財産を常に身にまとう習慣もなかったと言えるかもしれない。とすれば、島国性ということを、ここで補強的に入れておいてもいいでしょう。

B

・（前項Aの〝ステイタス〟を受けて）政治的に見ると、社会を治める勢力が権威を誇示するために、宮廷において男女ともに宝石で身をつつむという習慣もなかった。

・女性は後宮にいて人目につかないから、アクセサリーは不要だった？——×トルコのハレムの宝石は世界でも最高峰の一つである。日本の後宮での天皇をめぐっての競争は中古・中世の貴族政治の中心だった。天皇の寵愛を得るための様々な文化が発達したけれども、アクセサリーは生まれなかった。——平安貴族の美意識・スタイルの問題？

・天皇

貴族・宮廷

・権力者が、権威づけに宝石を必要としないのは、天皇制と関係があるのではないか。社会が変化し、新興勢力がかつての権力者と代わるとき、その権威づけとして「天皇による任命」があったため、権力者個人や、それをとりまく人びとの演出として、それ以上の視覚的・感性的もしくは財産的な権威の誇示は必要でなかったと考えられる。むしろ公式の場においては、旧来の作法を劇的に変更して衆目の中で特別に目立つことを避けることが、日本的方式にかなっていたのではないか。

武士

・宮廷においては、女房たちが着飾って働くことが、主人の力を示すステイタスであったという。だが天皇・貴族による政治が武士による政治になったとき、武士たちはそういう「美しいステイタス・シンボル」を必要としなかった。そこで日本の工芸・アクセサリーは、武士の鎧兜や刀、馬具や茶道具などに力点が置かれるようになったのではないだろうか？（秀吉の茶室・徳川の東照宮など）

・武士の世になってからは、宮廷の実質的・経済的な力が衰え、女性のファッションも簡素化されていった。宮廷では、平安時代に確立した服装体系を、原則的には明治まで大きな変化なく続けてきたため、新しいもの（アクセサリー）が発達する要因は生まれなかった。アクセサリーだけでなく、他の文化も常に「平安調」が基本でありお手本であった。

C

・（前項Bの〝平安朝の美意識〟を受けて）感性的に見ると、アクセサリーが消えたのは、唐の政治形態を採り入れた律令制定と唐風の衣装の導入がきっかけだったが、その後平安時代に政治・文化とも国風になったとき、アクセサリーは復活しなかった。天皇の寵を争う後宮でも生まれなかった。これは、国風の衣装にアクセサリーが合わないためだったと考えられる。

・日本や中国など東アジアの人びとは、中央アジアや西洋の人と違って、肉体を誇示しない。むしろ肉体を意識させない、肉体の線を出さないようにすることを目指している。唐の衣装や日本の衣装も、基本的にはそのように作られており、肉体の存在を強調する耳飾り、指輪、首飾りなどは形状（布を広面積で使い、布の線や揺れ方に注目する）からも美意識からもそぐわないのでは？（ただし中国では様々な民族の交錯により、また王権の誇示の必要により、宝飾が存在したと考えられる）

・国風の美意識は、アクセサリーにある幾何学的な要素に価値を置かず、むしろ定型でないもの、不規則な空白のあるものを美とした——平安時代の調度品や道具などの工芸品のデザインも、大和絵の風景画も、幾何学模様とは正反対のものが多い。
・その国風の美意識が、明治まで尊重され、続けられてきた——着物の模様や、簪のデザインでさえも、シンメトリーや幾何学模様ではなく、自然の風景画の不規則な線と余白、不定型なバランスに価値を置いている。西洋では、アール・ヌーボーやアール・デコの時代に、ジャポニスムと曲線美を採り入れたとき、アクセサリーにこのような影響が現れている。
・アクセサリーは基本的には、幾何学的に整った形状で肉体を強調するので、それが日本人の美意識とはそぐわなかったのではないか。

（2）のまとめ→　国風文化が生まれたとき、美的なステイタスと財産には、布が注目された。人が身を飾る感性もそれに合うものが発達した。これは天皇中心の中央集権と貴族の時代のことであるが、それ以後の時代も、常にこの天皇中心・平安時代を規範とする美意識と感性は変わらずに、社会が変わるたびに、そこに戻っていったのではないか。

鹿島　**日本の服装事情という観点からアクセサリーにアプローチするときの補強になるも**

のとして、体型と服装という要素がありますね。日本の着物はすべて平面でできている。ところが西洋の服装というのは、立体的なボディに布を置いていって、仮縫いを重ねて作るものなんです。文化服装学院の小池千代さんという人が、フランスに行って一番びっくりしたのは、洋服を作るのに、むこうでは型紙を作らないということだったと、本に書いています。初めから立体の上で採寸・裁断する。けれども日本は着物の習慣から、洋服を作るときも、まず型紙をとっていた。つまり平面をつなげていって体にまとうという発想がぬけなかったわけですね。日本人が平面の着物をずっと着てきたということは、日本人の体型が平べったかったということを意味している。アクセサリーが定着しなかったのも結局、日本人の平たい体型と、平面の服に合わないという事情があったかも知れないですね。

(3) 世界の中の東アジアの美術と宗教——中国と韓国からの影響

A

・仏教美術の不思議——奈良時代以前に日本人はアクセサリーをやめてしまったが、人間と同じ形をしている仏像の、観音像のアクセサリーはどうだったかというと、朝鮮半島から渡来して以来、常に観音像はアクセサリーをつけている。

・つまり、アクセサリーの形式は存在したが、それは人間のものではないという認識が強く、却ってアクセサリーをつけることを忌避させたのかも知れない（＝首飾りですって？　仏様じゃないんだから！　という感性）。

・仏像には様々なきまりがあり、「観音像はアクセサリーをつけている」ことが動かせないきまりであったので（釈迦と違って、悟りを得る前の身であることを示すため）、それは変更されなかった。

・能のような演劇の舞台上でも、人間の役は髪止めのリボンの他アクセサリーがなく、天女の役でも冠をつけるだけで、それ以外のアクセサリーはない。

B

・日本にアクセサリーや仏像を紹介した朝鮮ではどうか——新羅・百済の黄金の耳飾りや冠は、その時代の文化の華で、数多くの素晴らしい品が出土している。その後も装飾品の文化はあったが、朝鮮王朝時代になると、服飾についての禁令がしばしば出され、女性が身を飾ることを禁止したため、アクセサリーは衰退した。

・朝鮮王朝の服装で、アクセサリーの役割をはたすのはノリゲである。これは女性が財産を身につけることや、ステイタス・シンボルを兼ねたと思われる。

・この場合は儒教思想の背景が強く、日本よりも禁止の圧力が大きかったと考えられる。

・朝鮮においても観音像はアクセサリーを身につけており、これも日本と同じく、仏像のきまりが理由であり、かつ人間と仏像は違うことが人びとの意識に根づいていたと見られる。

C

・中国ではどうか――観音像はもちろんアクセサリーをつけている。
・中国では宮廷の貴婦人や遊女の間にアクセサリーが存在したが、絵画では唐の時代から明朝までは女性のアクセサリーは見当たらない（これはローマなどでも同じようである）。つまり、絵画において理想の美女を描くときは「アクセサリーをつけていない」のが常道・正統であったらしい。建て前としては「女性が身を飾るのはよくない」という儒教的思想で絵画中にアクセサリーは描かれなかったが、実際には流行していたのではないかと考えられる。
・日本と違って、中央アジアの諸民族との交流・支配・被支配の関係があったので、アクセサリー文化が存在したと見られる。

（3）のまとめ↓　アクセサリーは観音像には常につけられていたが、朝鮮や日本においては、それが却って「アクセサリーは人間のものではない」という意識を作る要因になっていたかも知れない。そこに儒教思想が入り、アクセサリーの忌避が強まったと考えられる。

中国でも観音像については同様だが、実際の女性たちはアクセサリーを身につけていた。これはキリスト教世界と正反対であるところが興味深い。キリスト教世界では、現実の人間は男女ともに宝石やアクセサリーをたくさん身につけていたが、宗教画や彫刻に描かれる神や聖人はアクセサリーをつけてはいない。

（1）（2）（3）をどう結論にもっていくか？

鹿島　なかなか面白い展開だけれども、初めに言ったように、ここで、こういう議論を出すと、なにか付録という感じがする。だから、むしろ、（2）と（3）を逆にして、（1）は縦軸での考察、（2）では横軸での考察、そしてその二つを受けて、日本人のメンタリティーとアクセサリーの関係という形にもっていったほうがいいかも知れませんね。
それに、ここではコーパスをアクセサリーに限定していますが、行き詰まったら、どこかでコーパスを移動して、アクセサリー以外の装飾品のことを見るのも悪くない。装飾品という前提をはずすと、また別のものが見えてくるかも知れない。ただし、それはあくまで、コーパスをいったん限定した上で議論を煮詰めてからやるべきです。初めから、コーパスを漠然としておくのはよろしくありません。

それからもう一つ、西洋などで、アクセサリーが何の機能を果たしているのかということを見ておく必要がある。アクセサリーが「ある」と「ない」だけでは議論が平板になってしまう。そうすると最後に考察するときも、発展的な考察が浮き上がってこなくなるでしょう。

例えば美意識の変化は緩慢なものですから、それだけでは急激な変化を作りださないことが多い。ところが、そこに、呪術的な要素、あるいは医学的とか性的な意味合いが入ってくると、新しい風習が生まれやすい。だからキリスト教と道教と仏教と神道では、金属や宝石を身につけるという意味がどう違うか、というようなことも考える余地がある。

西洋では現世のものを永遠に残そうとしたり、現世を来世にまで延長しようとする傾向が強い。アクセサリーにもそういう意味合いがあるかも知れない。けれど、日本では、伊勢神宮ではないけれど、朽ちていくものを、定期的に新しくすることで永遠に繋げようとする。その場合は白木のように「さら」なものが尊ばれるから、何かを身につけるということが、西洋とは反対に邪気を呼んでしまうという感覚があったのかも知れない。

ですから日本と、西洋その他のアクセサリー文化との比較が、美意識の変容だけではない、メンタリティーの変容にまでつながっていくと面白い論文になると思います。

下部構造的な部分を、さっき言った肉体的な条件とかも含めて検討して、もう一度資料の収集と分類を試みれば、きっと面白い結論につながるような、新しい発見があるかも知れませんよ。

はい。以上で、論文指導は終わりです。あとは、自分の頭で徹底的に考え、私をビックリさせるような論文を書いてください。この経験があれば、社会に出ても、百戦錬磨のビジネスマンやビジネスウーマンになれると思います。

では頑張ってください。**BON COURAGE**！

あとがき

本文でも話した通り、私は二十五年前から、勤務している女子大で、かならずしも文学好きでない学生たちを相手に卒論指導をしています。おかげで、論文の書き方について、ちょうど高校野球のコーチや初心者向けのゴルフのレッスン・プロのような立場から考察を行うという特殊な経験を積むことができました。

あるとき、文藝春秋の大口敦子さんにこのことを話したところ、大口さんはおおいに興味を示されて、私の講義を聴講できないかとお尋ねになりました。ところが、今年からシステムが変わって、私単独の論文指導の授業はなくなりましたので、その旨をお伝えしたところ、それでは、文藝春秋の会議室で、文春の編集者を相手に論文指導の講義を何度かやってくれないか、そのときにテープを取って文字に起こすから、それに手を入れて原稿にしてほしいと提案されました。

私は、これはなかなかいい提案だと思いました。というのも、学生相手だと、どうしても文学論文の瑣末な書き方の指導になってしまうけれど、文春の編集者相手なら、もっと一般性をもった講義ができる。つまり、もはや学生ではなくなって社会に出ているが、いろいろな面で問題にぶつかって悩んでいるビジネスマンやビジネスウーマンにも役に立つようなかたちで、論文の指導の講義ができるのではないかと考えたのです。

では、なぜ、ビジネスマンやビジネスウーマンという連想がここで出てきたかというと、新商品の開発、新しい業態の開拓、ベンチャー企業のプレゼンテーションなどには、論文の書き方が即座に応用できるからです。論文というのは、自分の頭でものを考えるために長い年月にわたって練り上げられた古典的な形式なので、ビジネスだろうと政治だろうと、なんにでも応用がきくのです。いいかえれば、優れた論文作成能力を獲得している人は、優秀な学者になれるばかりか、優秀なビジネスマンにも、優秀な政治家にもなることができるのです。アメリカで、大会社の社長が政府の役人になったかと思うと、大学の教師になるということが頻繁に行われているのはそのよい証拠です。

というわけで、本書は、学生相手のたんなる「論文の書き方」を超えた、ビジネスその他にも応用可能な汎用性を目指しています。

ただ、そうは言っても、私はフランス文学およびフランス文化を専門にしている教師なので、話がどうしてもそちらの方に傾いてしまうのはしかたがありません。

また、さしたる準備もなく、いきなりぶっつけ本番で講義をしたので、サンプルとして、自分の書いた論文的エッセイを何度か引き合いに出していますが、本来なら、ここは資料収集をしっかりとして、過去における優れた学術論文を例に用いるべきところです。この部分は、本文の中でサンプルになる資料収集をしっかりやれといっておきながら、自分はネグレクトしてしまった罪は隠しようもありません。切に御容赦のほどを。

最後になりますが、学生として、私の講義につきあっていただいた文藝春秋の編集者の方々にこの場を借りて、心からの感謝の気持ちを伝えたいと思います。文春の編集者はみな優秀な人たちばかりなので授業はとてもやりやすかった。

とりわけ、編集を担当された大口敦子さんは、宿題提出もきちんとこなされて、最後には、相当に興味深い論文のプランを提出されました。文中のAさんとは大口さんのことです。この調子なら、文春新書を一冊、大口さん自身が執筆できるのではないかと感じたほどです。「論文の書き方」を通じて、ものの考え方を学びたいすべての人に本書を捧げます。

二〇〇二年十一月六日

鹿島　茂

鹿島 茂（かしま しげる）
1949年横浜市生まれ。東京大学大学院修了。現在、共立女子大学文芸学部教授。専門は19世紀のフランス小説。『馬車が買いたい！』で第13回サントリー学芸賞、『子供より古書が大事と思いたい』で第12回講談社エッセイ賞、『職業別パリ風俗』で第51回読売文学賞を受賞。文学研究・エッセイ・小説・翻訳など幅広い分野で著書多数。

文春新書

295

勝《か》つための論文《ろんぶん》の書《か》き方《かた》

2003年（平成15年）1月20日　第1刷発行
2012年（平成24年）7月25日　第16刷発行

著　者　鹿　島　　茂
発行者　飯　窪　成　幸
発行所　株式会社　文　藝　春　秋

〒102-8008　東京都千代田区紀尾井町3-23
電話（03）3265-1211（代表）

印刷所　理　想　社
付物印刷　大　日　本　印　刷
製本所　大　口　製　本

定価はカバーに表示してあります。
万一、落丁・乱丁の場合は小社製作部宛お送り下さい。
送料小社負担でお取替え致します。

ISBN4-16-660295-0